grep
kurz & gut

1. Auflage

grep
kurz & gut

John Bambenek und Agnieszka Klus

Deutsche Übersetzung
Thomas Demmig

O'REILLY®
Beijing · Cambridge · Farnham · Köln · Sebastopol · Taipei · Tokyo

Kommentare und Fragen können Sie gerne an uns richten:
O'Reilly Verlag
Balthasarstr. 81
50670 Köln

E-Mail: kommentar@oreilly.de

Copyright der deutschen Ausgabe:
© 2009 by O'Reilly Verlag GmbH & Co. KG
1. Auflage 2009

Die Darstellung eines Frosches im Zusammenhang mit dem Thema grep ist ein Warenzeichen von O'Reilly Media, Inc.

Bibliografische Information Der Deutschen Bibliothek
Die Deutsche Bibliothek verzeichnet diese Publikation in der Deutschen Nationalbibliografie; detaillierte bibliografische Daten sind im Internet über *http://dnb.ddb.de* abrufbar.

Lektorat: Volker Bombien, Köln
Korrektorat: Eike Nitz, Köln
Umschlaggestaltung: Karen Montgomery, Sebastopol & Michael Oreal, Köln
Produktion: Andrea Miß, Köln
Druck: fgb freiburger graphische betriebe; *www.fgb.de*

ISBN 978-3-89721-550-4

Inhalt

grep – kurz & gut

Einführung

Wenn Sie längere Zeit mit einem Linux-System gearbeitet haben, sei es als Systemadministrator oder als Entwickler, ist es recht wahrscheinlich, dass Sie auch den Befehl *grep* verwendet haben. Das Tool wird standardmäßig bei nahezu jeder Installation von Linux, BSD und Unix installiert – unabhängig von der Distribution – und steht sogar für Windows zur Verfügung (mit wingrep oder über Cygwin).

GNU und die Free Software Foundation veröffentlichen *grep* als Teil ihrer Suite mit Open Source-Tools. Andere Versionen von *grep* stehen für andere Betriebssysteme zur Verfügung, aber dieses Buch konzentriert sich vor allem auf die GNU-Version, da diese derzeit am weitesten verbreitet ist.

Der Befehl *grep* ermöglicht dem Anwender, schnell und einfach Text in einer Datei oder einer Ausgabe zu finden. Liefert man *grep* einen Suchstring, gibt es nur die Zeilen aus, die den String enthalten –ʾbei Bedarf mit der entsprechenden Zeilennummer. Die "einfache" Anwendung des Befehls ist ziemlich bekannt, aber es gibt eine Reihe weiterer, fortgeschrittenerer Anwendungsmöglichkeiten, die *grep* zu einem mächtigen Suchtool machen.

Ziel dieses Buches ist, alle Informationen, die ein Administrator oder Entwickler jemals brauchen könnte, in einem kleinen Leitfaden zusammenzufassen, den man überallhin mitnehmen kann. Auch wenn die "einfache" Anwendung von *grep* nicht viel Wissen erfordert, können die forgeschrittenen Anwendungsfälle und die Nutzung regulärer Ausdrücke ziemlich kompliziert werden. Der Name des Tools ist eine Abkürzung für "global regular expression print", was auf seinen Verwendungszweck hindeutet.

GNU *grep* ist eigentlich eine Kombination vier verschiedener Tools, von denen jedes eine andere Art hat, Text zu finden: einfache reguläre Ausdrücke, erweiterte reguläre Ausdrücke, feste Strings und reguläre Ausdrücke in Perl-artiger Syntax. Es gibt noch ein paar weitere Implementationen von *grep*-ähnlichen Programmen, wie agrep, zipgrep und "grep-ähnliche" Funktionen in .NET, PHP und SQL. Dieses Buch wird die besonderen Optionen und Stärken einer jeden Variante beschreiben.

Die offizielle Website für *grep* ist *http://www.gnu.org/software/grep/*. Auf ihr finden Sie Informationen über das Projekt und einige kurze Anleitungen. Der Quellcode für *grep* ist nur 712 KByte groß, und die aktuelle Version zum Zeitpunkt der Entstehung dieses Buches ist 2.5.3. Dieses kurz & gut-Buch bezieht sich auf diese Version, aber die Informationen werden im Allgemeinen auch für ältere und neuere Versionen gültig sein.

Es sei darauf hingewiesen, dass die aktuelle Version von *grep*, die mit Mac OS X 10.5.5 ausgeliefert wird, 2.5.1 ist, allerdings sind die meisten Optionen in diesem Buch auch damit nutzbar. Es gibt neben dem Programm von GNU auch andere "grep"-Programme, die im Allgemeinen automatisch mit HP-UX, AIX und älteren Versionen von Solaris installiert werden. Zum größten Teil ist die Syntax der regulären Ausdrücke identisch, allerdings können sich die Optionen unterscheiden. Dieses Buch behandelt exklusiv die GNU-Version, weil sie robuster und mächtiger als andere Versionen ist.

Konventionen in diesem Buch

Die folgenden typographischen Konventionen werden in diesem Buch verwendet:

Kursiv
> steht für Befehle, neue Begriffe, URLs, E-Mail-Adressen, Dateinamen, Pfadnamen, Verzeichnisse und Unix-Tools.

`Schreibmaschinenschrift`
> steht für Optionen, Schalter, Variablen, Attribute, Schlüssel, Funktionen, Typen, Klassen, Namensräume, Methoden, Module, Eigenschaften, Parameter, Werte, Objekte, Ereignisse, Event-Handler, XML-Tags, HTML-Tags, Makros, den Inhalt von Dateien und die Ausgabe von Befehlen.

`Kursive Schreibmaschinenschrift`
> zeigt Text, der durch vom Benutzer angegebene Werte ersetzt werden sollte.

Danksagungen

Von John Bambenek

Ich möchte mich bei Isabel Kunkle und dem restlichen O'Reilly-Team bedanken, die dieses Buch lektoriert und produziert haben. Meine Frau und mein Sohn verdienen Dank für ihre Unterstützung und Liebe, die ich bei der Vollendung dieses Projekts erfahren habe. Meine Koautorin Agnieszka war eine unschätzbare Hilfe bei der Aufgabe, das Schreiben eines Buches in den Griff zu bekommen – sie hat großen Anteil an der Vollendung dieses Projekts. Brian Krebs von der *Washington Post* verdient eine Erwähnung, da er die Idee hatte, dieses Buch zu schreiben. Meine Zeit beim Internet Storm Center ermöglichte es mir, mit einigen der besten Leute in der Informationssicherheitsbranche zusammenzuarbeiten, und ihre Rückmeldungen waren bei der fachlichen Begutachtung extrem hilfreich. Ganz besonders bedanken möchte ich mich bei Charles Hamby, Mark Hofman und Donald Smith. Und schließlich verdient Merry Anne's Diner im Stadtzentrum von Champaign, Illinois, Dank dafür, dass ich dort mitten in der Nacht stundenlang einen Tisch blockieren konnte, um dieses Buch zu schreiben.

Von Agnieszka Klus

Zuerst möchte ich mich bei meinem Koautor John Bambenek für die Möglichkeit bedanken, an diesem Buch mitzuarbeiten. Für mich war es sicherlich ein Literaturabenteuer. Es hat mir ein Fenster geöffnet und eine Chance gegeben, eine Welt kennenzulernen, mit der ich sonst nicht in Kontakt gekommen wäre. Ich möchte zudem meiner Familie und meinen Freunden für ihre Unterstützung und ihre Geduld danken.

Konzeptioneller Überblick

Der Befehl *grep* stellt viele verschiedene Möglichkeiten bereit, Textstrings in einer Datei oder einem Ausgabestream zu finden. So ist es zum Beispiel möglich, jedes Vorkommen eines bestimmten Wortes oder Strings in einer Datei zu finden. Das kann nützlich sein, wenn man in umfangreichen Systemlogs nach bestimmten Logeinträgen sucht. Es ist auch möglich, nach bestimmten Mustern in Dateien zu forschen, wie nach dem typischen Muster einer Kreditkartennummer. Diese Flexibilität macht *grep* zu einem mächtigen Tool, um die Anwesenheit (oder Abwesenheit) von Informationen in Dateien zu ermitteln. Es gibt zwei Möglichkeiten, *grep* mit den notwendigen Eingaben zu versorgen, von denen jede ihren Anwendungsbereich hat.

Zum einen kann *grep* genutzt werden, um nach einer oder mehreren Dateien auf einem System zu suchen. So lassen sich zum Beispiel Dateien auf einer Festplatte auf die Anwesenheit (oder Abwesenheit) bestimmter Inhalte kontrollieren. *grep* kann zudem genutzt werden, um die Ausgabe eines anderen Programms zu nutzen, das *grep* dann durchsucht. So lässt sich *grep* beispielsweise verwenden, um wichtige Informationen aus einem Befehl auszufiltern, der ansonsten eine zu umfangreiche Ausgabe liefern würde.

Wenn es um das Durchsuchen von Textdateien geht, kann *grep* genutzt werden, um in allen Dateien eines Dateisystems nach einem bestimmten String zu suchen. So folgen zum Beispiel Sozialversicherungsnummern einem bekannten Muster, daher ist es möglich, jede Textdatei auf einem System zu durchsuchen, um Vorkommen dieser Nummern zu finden (zum Beispiel für akademische Umgebungen, um den staatlichen Datenschutzbestimmungen zu entsprechen). Das Standardverhalten ist, den Dateinamen und jede Textzeile zurückzugeben, die den String enthält, man kann aber auch die Anzahl der Zeilen mit ausgeben.

Zusätzlich kann *grep* die Ausgabe von Befehlen analysieren, um dort die Vorkommen eines String zu finden. So könnte zum Beispiel ein Systemadministrator ein Skript ausführen, um die Software auf einem System zu aktualisieren. Wenn dieses Skript eine große Menge an Debugging-Informationen ausgibt, lässt sich *grep* nutzen, um nur die Fehlermeldungen zu erhalten. In diesem Fall kann der Befehl *grep* nach einen String suchen (zum Beispiel "ERROR"), der auf die Fehler hinweist, und die Informationen ausblenden, die der Administrator nicht sehen will.

Im Allgemeinen ist der Befehl *grep* nur dafür gedacht, Textausgaben oder Textdateien zu durchsuchen. Sie können auch Binärdateien (oder andere Nicht-Textdateien) durchsuchen, aber das Tool ist in dem Fall eingeschränkt. Tricks zum Durchsuchen von Binärdateien mit *grep* (also die Verwendung von *String*-Befehlen) werden im letzten Abschnitt behandelt („Fortgeschrittene Tipps und Tricks mit grep" [62]).

Es ist zwar normalerweise möglich, *grep* zum Verändern von Text oder zum Suchen und Ersetzen zu nutzen, aber es gibt bessere Tools dafür. *sed* und *awk* sind für solche Operationen nützlicher.

Es gibt zwei grundlegende Wege, mit *grep* zu suchen: Man sucht entweder nach festen Strings oder nach Textmustern.

Eine Suche nach festen Strings ist ziemlich einfach. Dagegen kann die Suche mit Mustern schnell kompliziert werden, wenn das gewünschte Muster recht variabel ist. Um nach Texten mit variablen Inhalten zu suchen, verwenden Sie reguläre Ausdrücke.

Einführung in reguläre Ausdrücke

Reguläre Ausdrücke (regular expressions), der Ursprung der Buchstaben "re" in "grep", sind die Grundlage für das Erstellen eines mächtigen und flexiblen Textanalysetools. Ausdrücke können alle möglichen Arten von Text und Daten hinzufügen, löschen, ausgeben und ganz allgemein bearbeiten. Es handelt sich um einfache Anweisungen, mit denen ein Benutzer Dateien deutlich besser verarbeiten kann. Wenn sie korrekt angewandt werden, lassen sich aufwendige Aufgaben merklich vereinfachen.

Viele verschiedene Befehle in der Unix/Linux-Welt nutzen auf die eine oder andere Weise reguläre Ausdrücke neben der Programmiersprache. So verwenden zum Beispiel die Befehle *sed* und *awk* reguläre Ausdrücke, um Informationen nicht nur zu finden, sondern auch zu verändern.

Es gibt viele verschiedene Varianten von regulären Ausdrücken. So nutzen zum Beispiel Java und Perl jeweils ihre eigene Syntax für reguläre Ausdrücke. Manche Anwendungen haben ihre eigene Version regulärer Ausdrücke, wie Sendmail und Oracle. GNU *grep* verwendet die GNU-Version regulärer Ausdrücke, die der POSIX-Syntax stark ähnelt (aber nicht völlig identisch mit ihr ist).

Tatsächlich sind sich die meisten Varianten regulärer Ausdrücke sehr ähnlich, aber es gibt auch entscheidende Unterschiede. So verhalten sich zum Beispiel einige der Escape-Zeichen, Metazeichen und speziellen Operatoren abhängig von der Art des regulären Ausdrucks, die Sie verwenden, unterschiedlich. Diese subtilen Varianten können zu komplett anderen Ergebnissen führen, wenn Sie denselben Ausdruck mit verschiedenen Typen regulärer Ausdrücke nutzen. Dieses Buch wird nur die regulären Ausdrücke behandeln, die von *grep* und *grep* im Perl-Stil (*grep* -P) genutzt werden.

Normalerweise werden reguläre Ausdrücke im Befehl *grep* im folgenden Format verwendet:

```
grep [options] [regexp] [filename]
```

Reguläre Ausdrücke bestehen aus zwei Arten von Zeichen: normalen Textzeichen, sogenannten *Literalen*, und Sonderzeichen wie dem Asterisk (*), die man *Metazeichen* nennt. Eine *Escape-Folge* ermöglicht die Verwendung von Metazeichen als Literal und die Kennzeichnung besonderer Zeichen oder Bedingungen (wie Wortgrenzen oder "Tab-Zeichen"). Der String, den jemand zu finden hofft, ist ein *Zielstring*. Ein *regulärer Ausdruck* ist das gesamte Suchmuster, das eingegeben wird, um einen bestimmten Zielstring zu finden. Es kann gleich dem Zielstring sein, aber auch einige der regulären Ausdrucksfunktionen enthalten, die gleich behandelt werden.

Anführungszeichen und reguläre Ausdrücke

Es ist üblich, den regulären Ausdruck (oder *Regxp*) in einfachen Anführungszeichen zu schreiben (das Symbol auf der Tastatur über der Rautetaste [#], nicht eines von denen auf der Taste neben dem ß). Dafür gibt es ein paar Gründe. Der erste ist, dass Unix-Shells das Leerzeichen normalerweise als das Ende eines Arguments und den Beginn eines neuen betrachten. In dem eben gezeigten Format wird der reguläre Ausdruck durch ein Leerzeichen vom Dateinamen getrennt. Aber was, wenn der String, nach dem Sie suchen wollen, ein Leerzeichen enthält? Die Anführungszeichen teilen *grep* (und anderen Unix-Befehlen) mit, wo das Argument beginnt und endet, wenn Leerzeichen oder andere Sonderzeichen im Spiel sind.

Der andere Grund ist, dass verschiedene Arten von Anführungszeichen sehr unterschiedliche Auswirkungen bei Shell-Befehlen wie *grep* haben. So sorgt eine Verwendung des Backticks (das einzelne Anführungszeichen, das über die Taste rechts neben dem ß zusammen mit der Umschalttaste erreicht wird) dafür, dass die Shell alles innerhalb dieser Anführungszeichen als Befehl ausführt und das Ergebnis dann als String verwendet, zum Beispiel so:

```
grep `whoami` filename
```

Damit würde der Befehl *whoami* ausgeführt (der den Benutzernamen zurückgibt, unter dem die Shell auf Unix-Systemen läuft) und sein Ergebnis als Suchstring verwendet. Wenn ich zum Beispiel mit dem Benutzernamen "bambenek" angemeldet wäre, durchsucht *grep* die Datei *filename* nach der Verwendung von "bambenek".

Doppelte Anführungszeichen dagegen funktionieren genau wie einfache Anführungszeichen, allerdings mit einem entscheidenden Unterschied. Bei doppelten Anführungszeichen lassen sich Umgebungsvariablen als Teil eines Suchmusters verwenden:

```
grep "$HOME" filename
```

Die Umgebungsvariable HOME enthält normalerweise den absoluten Pfad auf das Home-Verzeichnis des angemeldeten Benutzers. Der eben gezeigte *grep*-Befehl würde also den Inhalt der Variablen HOME ermitteln und dann nach diesem String suchen. Wenn Sie $HOME mit einfachen Anführungszeichen umschlössen, würde die Umgebungsvariable nicht erkannt.

Es ist wichtig, den regulären Ausdruck mit den passenden Anführungszeichen auszustatten, da verschiedene Arten zu unterschiedlichen Ergebnissen führen können. Anfangs- und Endanführungszeichen müssen gleich sein, da ansonsten ein Fehler ausgegeben wird, weil die Syntax falsch ist. Beachten Sie, dass es auch möglich ist, verschiedene Anführungszeichen zu kombinieren, um eine bestimmte Funktionalität zu erreichen. Das wird später im Abschnitt „Fortgeschrittene Tipps und Tricks mit grep" [62] behandelt.

Metazeichen

Neben den Anführungszeichen sorgt auch die Position und Kombination anderer Sonderzeichen für unterschiedliche Effekte in regulären Ausdrücken. So sucht zum Beispiel der folgende Befehl in der Datei *name.list* nach dem Buchstaben 'e', gefolgt von einem 'a':

```
grep -e 'e[a]' name.list
```

Aber indem Sie einfach nur einen Zirkumflex ^ hinzufügen, ändern Sie die gesamte Bedeutung des Ausdrucks. Nun suchen Sie nach einem 'e', gefolgt von irgendetwas, was *nicht* der Buchstabe 'a' ist:

```
grep -e 'e[^a]' name.list
```

Da Metazeichen starke Auswirkungen haben, ist es wichtig, mit ihnen vertraut zu sein. Tabelle 1 enthält eine Liste der regelmäßig verwendeten Sonderzeichen und ihrer Bedeutungen.

Tabelle 1. Metazeichen für reguläre Ausdrücke[a]

Metazeichen	Name	Passt zu
Elemente, die zu einem einzelnen Zeichen passen		
.	Punkt	Jedes Zeichen
[...]	Zeichen klasse	Jedes beliebige Zeichen in den eckigen Klammern
[^...]	Negierte Zeichenklasse	Jedes beliebige Zeichen, das nicht in den eckigen Klammern aufgeführt ist
\char	Escape-Zeichen	Das literale Zeichen nach dem Slash; wird verwendet, wenn Sie nach einem Sonderzeichen suchen wollen, wie zum Beispiel nach "$" (dann verwenden Sie "\$")
Elemente, die zu einer Position passen		
^	Zirkumflex	Anfang einer Zeile
$	Dollarzeichen	Ende einer Zeile
\<	Backslash, kleiner als	Anfang eines Wortes

Metazeichen	Name	Passt zu
\>	Backslash, größer als	Ende eines Wortes

Quantifikatoren

?	Fragezeichen	Optionales Match
*	Asterisk	Jede Anzahl (auch null); manchmal als allgemeine Wildcard genutzt
+	Pluszeichen	Mindestens ein Vorkommen des vorigen Ausdrucks
{ N }	Finde genau	Finde genau N Vorkommen
{N, }	Finde mindestens	Finde mindestens N Vorkommen
{min,max }	Angegebener Bereich	Finde zwischen min und max Vorkommen

Andere

|	Alternation	Finde einen der beiden Ausdrücke
-	Strich	Steht für einen Bereich
(...)	Runde Klammern	Begrenzen des Gültigkeitsbereichs einer Alternation
\1, \2, ...	Rückverweis	Passt zu Text, der vorher innerhalb von Klammern passte (zum Beispiel erstes Set, zweites Set usw.)
\b	Wortgrenze	Fasst Zeichen zusammen, die normalerweise ein Wort beenden (z. B. Leerzeichen, Punkt usw.)
\B	Backslash	Alternative zur Verwendung von "\\", um einen Backslash zu finden, Verwendung für bessere Lesbarkeit
\w	Wortzeichen	Wird verwendet, um ein beliebiges "Wort"-Zeichen zu finden (ein Buchstabe, eine Ziffer und der Unterstrich)
\W	Nichtwort zeichen	Damit werden alle Zeichen gefunden, die nicht in Wörtern verwendet werden (also keine Buchstaben, Ziffern oder der Unterstrich)

Metazeichen	Name	Passt zu
\`	Start eines Puffers	Passt zum Start eines Puffers, der an *grep* geschickt wurde
\'	Ende eines Puffers	Passt zum Ende eines Puffers, der an *grep* geschickt wurde

[a] Aus Jeffrey E.F. Friedls *Reguläre Ausdrücke, 3. Auflage* (O'Reilly), mit einigen Ergänzungen

Die Tabelle bezieht sich unter anderem auf etwas, das als Escape-Zeichen bekannt ist. Es gibt Situationen, in denen Sie nach einem literalen Zeichen suchen wollen, das normalerweise als Metazeichen verwendet wird. Stellen Sie sich zum Beispiel vor, dass Sie nach Zahlen suchen, die das Dollarzeichen innerhalb der Datei *price.list* enthalten:

```
grep '[1-9]$' price.list
```

Als Ergebnis wird die Suche versuchen, die Zahlen am Ende der Zeile zu finden. Das sicherlich nicht das, was Sie wollen. Durch die Verwendung des Escape-Zeichens zusammen mit dem Backslash (\) können Sie die Verwirrung auflösen:

```
grep '[1-9]\$' price.list
```

Das Metazeichen $ wird zu einem Literal und wird daher in *price.list* als String gesucht.

Nehmen Sie zum Beispiel eine Textdatei (*price.list*) mit dem folgenden Inhalt:

```
123
123$
```

Die Verwendung der eben gezeigten zwei Befehle führt zu folgenden Ergebnissen:

```
$ grep '[1-9]\$' price.list
123$
$ grep '[1-9]$' price.list
123
```

Im ersten Beispiel sucht der Befehl nach dem eigentlichen Dollarzeichen. Im zweiten Beispiel hat das Dollarzeichen seine besondere Metazeichenbedeutung und passt zum Ende der Zeile. Dadurch werden nur die Zeilen gefunden, die mit einer

Ziffer enden. Die Bedeutung dieser Sonderzeichen muss man sich merken, da sie der Bedeutung einer Suche einen signifikanten Unterschied verleihen.

Hier eine kurze Zusammenfassung der Metazeichen für reguläre Ausdrücke zusammen mit ein paar Beispielen, die deren Verwendung klarstellen sollen:

. *(Jedes beliebige Zeichen)*

Der "Punkt" ist eines der wenigen Jokerzeichen, die es in regulären Ausdrücken gibt. Dieses Zeichen passt zu jedem beliebigen Zeichen. Das ist nützlich, wenn ein Anwender ein Suchmuster verwenden will, bei dem sich ein Zeichen mittendrin befindet, das der Anwender nicht kennt. So würde zum Beispiel das folgende *grep*-Muster zu "red", "rod", "red", "rzd" und so weiter passen:

```
'r.d'
```

Der Punkt kann auch mehrfach verwendet werden, um mehrere unbekannte Zeichen (auch hintereinander) abzubilden.

[...] *(Zeichenklasse)*

Das "Zeichenklassen"-Tool ist eines der flexibleren und wird bei regulären Ausdrücken immer wieder angewendet. Es gibt zwei grundlegende Möglichkeiten, eine Zeichenklasse zu verwenden: um entweder einen Bereich oder eine Liste mit Zeichen festzulegen. Wichtig zu merken ist, dass eine Zeichenklasse immer nur zu einem Zeichen passt:

```
'[a-f]'
'[aeiou]'
```

Das erste Muster sucht nach einem beliebigen Buchstaben zwischen "a" und "f". Bereiche können Großbuchstaben, Kleinbuchstaben oder Ziffern enthalten. Eine Kombination von Bereichen kann ebenfalls genutzt werden, zum Beispiel [a-fA-F0-5]. Das zweite Beispiel wird nach einem der angegebenen Zeichen suchen – in diesem Fall Vokalen. Eine Zeichenklasse kann auch eine Liste mit Sonderzeichen enthalten, diese lassen sich aber nicht als Bereich verwenden.

[^...] *(Negation)*

Die "Negations"-Zeichenklasse ermöglicht einem Anwender, nach allem zu suchen *außer* einem bestimmten Zeichen oder einer Zeichenklasse. Wenn ein Anwender zum Beispiel keine geraden Zahlen mag, könnte er das folgende Suchmuster nutzen:

```
'..[^24680]'
```

Damit wird nach beliebigen dreistelligen Mustern gesucht, die nicht mit einer geraden Ziffer enden. In einer negierten Zeichenklasse kann eine beliebige Liste oder ein Bereich mit Zeichen stecken.

**** *(Escape)*

Das "Escape"-Zeichen ist eines der Metazeichen, das in Abhängigkeit von seiner Verwendung eine unterschiedliche Bedeutung haben kann. Steht es vor einem anderen Metazeichen, wird dieses dadurch als literales Symbol und nicht mehr als ein Zeichen mit besonderer Bedeutung gesehen. (Es kann auch zusammen mit anderen Zeichen, wie zum Beispiel b oder ' verwendet werden, um eine besondere Bedeutung zu erlangen. Diese speziellen Kombinationen werden später behandelt.) Schauen Sie sich die folgenden beiden Beispiele an:

```
'.'
'\.'
```

Das erste Beispiel würde zu jedem einzelnen Zeichen passen und den gesamten Text einer Datei zurückgeben. Das zweite Beispiel würde nur zum eigentlichen "Punkt"-Zeichen passen. Das Escape-Zeichen teilt dem regulären Ausdruck mit, die besondere Bedeutung eines Metazeichens zu ignorieren und es normal zu verarbeiten.

^ *(Zeilenanfang)*

Wenn ein Zirkumflex (auch Caret genannt) außerhalb einer Zeichenklasse verwendet wird, steht er nicht mehr für eine Negation, sondern für den Anfang einer Zeile.

Nutzt man ihn einzeln, passt er zu jeder Zeile auf dem Bildschirm, da jede Zeile auch einen Zeilenanfang besitzt. Nützlicher ist er, wenn ein Anwender Zeilen finden will, die mit einem bestimmten Muster beginnen:

```
'^red'
```

Dieses Muster würde auf alle Zeilen passen, die mit "red" beginnen, aber nicht auf die, die nur irgendwo in der Zeile das Wort "red" enthalten. Das ist zum Beispiel für die strukturierte Kommunikation von Programmiersprachen nützlich, wo Zeilen mit speziellen Strings beginnen, die wichtige Informationen enthalten (wie #DEFINE in C), die allerdings verlorengehen, wenn es sich nicht um den Zeilenanfang handelt.

$ (Zeilenende)

Wie schon weiter oben erwähnt passt das Dollarzeichen zum Ende einer Zeile. Für sich allein genutzt, würde jede Zeile in einem Stream mit Ausnahme der letzten Zeile gefunden werden, da diese mit einem "Dateiende"-Zeichen statt mit einem "Zeilenende"-Zeichen abschließt. Das ist nützlich, um Strings zu finden, die am Ende einer Zeile eine bestimmte Bedeutung haben, zum Beispiel:

```
'-$'
```

Damit würden alle Zeilen gefunden werden, deren letztes Zeichen ein Bindestrich ist. Das ist im Allgemeinen für Wörter üblich, die getrennt werden, wenn sie nicht mehr in eine Zeile passen. Dieser Ausdruck würde nur die Zeilen finden, die am Ende am getrenntes Wort enthalten.

\< (Wortanfang)

Wenn ein Anwender ein Suchmuster aufbauen will, das am Anfang eines Wortes gefunden werden soll, sich aber auch im Wort selbst wiederholen kann, lässt sich diese Escape-Folge nutzen. Schauen Sie sich zum Beispiel das folgende Beispiel an:

```
'\<un'
```

Dieses Muster passt auf Wörter mit der ersten Silbe (denn bei "unter-" ist nicht das "un-" das Präfix, sondern das ganze Wort "unter-") "un", wie zum Beispiel "unvorstellbar", "unentdeckt" oder "unterbewertet". Es passt aber nicht auf Wörter wie "fundiert", "Flunder" oder "rund". Das Muster findet einen Wortanfang, indem es nach einem Leerzeichen oder einem anderen Trennzeichen sucht, das für ein neues Wort steht (Punkt, Komma usw.).

\> *(Wortende)*

Analog zur vorigen Escape-Folge passt diese zum Ende eines Wortes. Nach den Zeichen schaut es nach einem Trennzeichen, das für das Ende eines Wortes steht (Leerzeichen, Tab, Punkt, Komma usw.), zum Beispiel so:

```
'ing\>'
```

Dieses Muster passt zu Wörtern, die auf "ing" enden (zum Beispiel "spring"), aber nicht auf Wörter, die "ing" nur enthalten (zum Beispiel "bringen").

* *(allgemeiner Joker)*

Der Asterisk ist vermutlich das am weitaus häufigsten verwendete Metazeichen. Es ist ein allgemeiner Joker, der als Quantifikator klassifiziert ist und vor allem für sich wiederholende Muster genutzt wird. Bei manchen Metazeichen können Sie Unter- und Obergrenzen festlegen, mit der sich die vom Muster ausgegebene Anzahl einschränken lässt, aber der Asterisk kennt keine Grenzen. Es ist auch egal, wie viele Leerzeichen es vor oder nach dem Zeichen gibt. Stellen Sie sich vor, ein Benutzer möchte wissen, ob die verschiedenen Formate eines Installers in einer Datei beschrieben sind. Man kann diesen einfachen Befehl nutzen:

```
'install.*file'
```

Das Ergebnis sollte alle Zeilen ausgeben, die "install" und dann "file" enthalten – mit beliebig vielen anderen Zeichen dazwischen. Es ist notwendig, den Punkt zu verwenden, da ansonsten nur "installfile" gefunden würde und nicht die verschiedenen Iterationen von "install" und "file" mit anderen Zeichen dazwischen.

- (Bereich)

Wenn man den Bindestrich innerhalb einer in eckigen Klammern stehenden Zeichenklasse verwendet, legt er einen Bereich von Werten fest, statt nur eine Liste mit direkt angegebenen Zeichen zu nutzen. Wenn der Bindestrich außerhalb einer solchen Klasse angegeben ist, wird er als literaler Bindestrich genutzt und hat keine besondere Bedeutung.

```
'[0-5]'
```

\# (Rückverweise)

Rückverweise (Backreferences) ermöglichen Ihnen, sich auf vorher gefundene Muster zu beziehen, um zukünftige Muster zu finden. Das Format eines Rückverweises ist \, gefolgt von einer Musterposition in der Sequenz (von links nach rechts), auf die verwiesen wird. Rückverweise werden noch detaillierter im Abschnitt „Fortgeschrittene Tipps und Tricks mit grep" [62] behandelt.

\b (Wortgrenze)

Die Escape-Folge \b bezieht sich auf jedes Zeichen, das angibt, dass ein Wort begonnen oder beendet wurde (ähnlich wie die oben behandelten Folgen \> und \<). In diesem Fall ist es egal, ob es sich um den Anfang oder das Ende des Wortes handelt — es wird einfach nach Satzzeichen oder Leerzeichen gesucht. Das ist insbesondere dann nützlich, wenn Sie nach einem String suchen, der sowohl als eigenständiges Wort existieren, aber auch innerhalb eines anderen davon unabhängigen Wortes vorhanden sein kann:

```
'\bheart\b'
```

Das würde zu dem exakten Wort "heart" passen, aber zu nichts anderem (nicht "disheartening", "hearts" usw.). Wenn Sie nach einem bestimmten Wort, einem numerischen Wert oder einem String suchen und nicht möchten, dass diese Wörter oder Werte Teil eines anderen Werts sind, müssen Sie \b, \> oder \< verwenden.

\B *(Backslash)*

Die Escape-Folge \B ist ein Sonderfall, da es sich nicht um eine eigene Escape-Folge, sondern um einen Alias für eine andere Folge handelt. Hier ist \B identisch mit \\, um das Backslash-Zeichen in einem Suchmuster literal und ohne seine besondere Bedeutung nutzen zu können. Der Zweck dieses Alias ist, ein Suchmuster etwas besser lesbar zu machen und doppelte Backslashes zu vermeiden, die in komplizierten Ausdrücken verschiedene Bedeutungen haben können.

```
'c:\Bwindows'
```

Dieses Beispiel würde nach dem String "c:\windows" suchen.

\w *und* **\W** *(Wort- und Nichtwortzeichen)*

Die Escape-Folgen \w und \W gehören eng zusammen, weil ihre Bedeutungen genau entgegengesetzt sind. \w passt zu jedem "Wort"-Zeichen und entspricht ''[a-zA-Z0-9_]''. Die Escape-Folge \W passt zu jedem anderen Zeichen (einschließlich nicht druckbarer Zeichen), das nicht in die Kategorie "Wortzeichen" passt. Das kann beim Parsen strukturierter Dateien nützlich sein, bei denen Text durch Sonderzeichen (zum Beispiel :, $, % usw.) unterbrochen ist.

\` *(Anfang des Puffers)*

Diese Escape-Folge passt ähnlich wie die Escape-Folge "Zeilenanfang" zum Anfang des Puffers, der an den Befehl übergeben wird, der den regulären Ausdruck verarbeitet. Da *grep* mit Zeilen arbeitet, sind ein Puffer und eine Zeile im Allgemeinen synonym (aber nicht immer). Diese Escape-Folge wird genauso wie die Escape-Folge "Zeilenanfang" verwendet, die weiter oben besprochen ist.

\' *(Ende des Puffers)*

> Diese Escape-Folge ähnelt der Escape-Folge "Zeilenende", nur passt sie zum Ende eines Puffers, der an das den regulären Ausdruck verarbeitende Programm übergeben wird. Die Escape-Folgen für den Anfang und das Ende eines Puffers werden sehr selten verwendet und es ist einfacher, stattdessen nach Zeilenanfang und Zeilenende zu suchen.

Die folgenden Metazeichen werden in erweiterten regulären Ausdrücken verwendet:

? *(optionales Match)*

> Das Fragezeichen hat in regulären Ausdrücken eine andere Bedeutung als beim üblichen Einsatz als Joker in Dateinamen (GLOB). Bei GLOB steht ein ? für ein beliebiges Zeichen. In regulären Ausdrücken heißt es, dass das vorige Zeichen (oder der vorige String, wenn er sich in einem Untermuster befindet) ein "optionales" Muster ist. Damit kann man mehrere Suchbedingungen mit einem einzelnen regulären Muster abdecken, zum Beispiel so:

```
'colors?'
```

> Damit würde sowohl "color" als auch "colors" passen. Das Zeichen "s" ist nur optional – wenn es nicht vorhanden ist, passt das Muster also trotzdem.

+ *(wiederholtes Match)*

> Das Pluszeichen legt fest, dass der reguläre Ausdruck nach einem einmaligen oder mehrfachen Match des vorigen Zeichens (oder Untermusters) sucht, zum Beispiel so:

```
'150+'
```

> Damit würde 150 mit einer beliebigen Anzahl folgender Nullen passen (also zum Beispiel 1500, 15000, 1500000 usw.).

{N} *(genau N Mal passend)*

> Geschweifte Klammern nach einem Zeichen legen die genaue Anzahl von Wiederholungen fest, nach denen gesucht werden soll, zum Beispiel so:

```
'150{3}\b'
```

Das passt zu einer 15, gefolgt von drei Nullen. Daher würde 1500 nicht passen, wohl aber 15000. Beachten Sie die Verwendung der Escape-Folge \b als Wortgrenze. Würde diese hier nicht genutzt, kämen nicht nur "15000", sondern auch "150000", "150002345" oder "15000asdf" infrage, weil sie alle den gewünschten Suchstring "15000" enthalten.

{N,} *(mindestens N Mal passend)*

Wie im vorigen Beispiel wird eine Zahl und diesmal zusätzlich ein Komma dazu genutzt, dass der reguläre Ausdruck nach mindestens N Vorkommen sucht, zum Beispiel so:

```
'150{3,}\b'
```

Das passt zu "15", gefolgt von mindestens drei Nullen, daher würden "15", "150" und "1500" nicht passen. Die Escape-Folge für die Wortgrenze können Sie nutzen, wenn Sie genau eine bestimmte Zahl haben wollen (also zum Beispiel "1500003456", "15000asdf" usw. vermeiden).

{N,M } *(zwischen N und M Mal passend)*

Wenn Sie für die Wiederholungen einen Minimal- und einen Maximalwert angeben wollen, können sie beide in geschweiften Klammern angeben, getrennt durch ein Komma, zum Beispiel so:

```
'150{2,3}\b'
```

Das würde für "1500" und "15000" passen, aber für nichts anderes.

| *(Alternation)*

Das "Pipe"-Zeichen legt Alternationen innerhalb eines regulären Ausdrucks fest. Stellen Sie sich vor, dass Sie dem regulären Ausdruck damit eine Auswahl von zu erfüllenden Bedingungen für einen einzelnen Ausdruck geben, zum Beispiel mit

```
'apple|orange|banana|peach'
```

Damit würde ein beliebiger der angegebenen Strings passen, egal ob sich die anderen auch im Suchumfeld befinden. In diesem Fall passt der Inhalt, wenn der Text wahlweise "apple" oder "orange" oder "banana" oder "peach" enthält.

( ) *(Untermuster)*

Das letzte wichtige Feature der erweiterten regulären Ausdrücke ist die Möglichkeit, Untermuster zu erstellen. Damit können reguläre Ausdrücke ganze Strings wiederholen, Alternationen für ganze Strings nutzen, Rückverweise einsetzen und allgemein lesbarer werden:

```
'(red|blue) plate'
'(150){3}'
```

Das erste Beispiel passt entweder zu "red plate" oder zu "blue plate". Ohne die Klammern würde der reguläre Ausdruck `'red|blue plate'` zu "red" (beachten Sie das Fehlen des Wortes "plate") oder "blue plate" passen. Untermuster in Klammern helfen dabei, den Gültigkeitsbereich einer Alternation zu beschränken.

Im zweiten Beispiel passt der reguläre Ausdruck für "150150150". Ohne die Klammern würde dagegen "15000" gefunden werden. Klammern ermöglichen es, die Wiederholung eines ganzen String zu suchen, und nicht nur ein einzelnes Zeichen.

Metazeichen sind im Allgemeinen für die verschiedenen *grep*-Befehle nutzbar, zum Beispiel *egrep*, *fgrep* und *grep -P*. Aber es gibt Instanzen, in denen ein Zeichen eine andere Bedeutung besitzt. Alle Unterschiede werden im Abschnitt für den entsprechenden Befehl behandelt.

POSIX-Zeichenklassen

Reguläre Ausdrücke enthalten zusätzlich eine Menge von POSIX-Zeichendefinitionen, die Abkürzungen für bestimmte Klassen von Zeichen bereitstellen. Tabelle 2 zeigt eine Liste dieser Abkürzungen und ihre jeweilige Bedeutung. POSIX ist im Prinzip ein Standard, der vom Institute of Electrical and Electronics Engineers (IEEE) erdacht wurde, um zu beschreiben, wie sich Unix-artige Betriebssysteme verhalten sollten. Er ist sehr alt, wird aber im Großen und Ganzen immer noch genutzt. Unter anderem enthält POSIX Definitionen dafür, wie reguläre Ausdrücke mit Shell-Tools wie *grep* genutzt werden sollten.

Tabelle 2. POSIX-Zeichendefinitionen

POSIX-Definition	Zeichendefinition
[:alpha:]	Jeder Buchstabe, unabhängig von Groß- und Kleinschreibung
[:digit:]	Jedes Ziffernzeichen
[:alnum:]	Jeder Buchstabe oder jedes Ziffernzeichen
[:blank:]	Leerzeichen oder Tab-Zeichen
[:xdigit:]	Hexadezimale Zeichen; jede Ziffer oder A–F oder a–f
[:punct:]	Jedes Satzzeichen
[:print:]	Jedes ausdruckbare Zeichen (keine Kontrollzeichen)
[:space:]	Jedes Zeichen für Whitespace
[:graph:]	Alles außer Whitespace-Zeichen
[:upper:]	Alle Großbuchstaben
[:lower:]	Alle Kleinbuchstaben
[:cntrl:]	Kontrollzeichen

Viele dieser POSIX-Definitionen sind besser lesbare Äquivalente von Zeichenklassen. So kann zum Beispiel [:upper:] auch als [A-Z] geschrieben werden, was sogar weniger Platz braucht. Für manche andere Klassen gibt es keine guten Zeichenklassen, zum Beispiel für [:cntrl:]. Um diese in regulären Ausdrücken zu verwenden, nutzen Sie sie genau wie eine Zeichenklasse. Es ist wichtig, sich im Klaren darüber zu sein, dass eine solche Anwendung dieser POSIX-Zeichendefinitionen nur für ein einzelnes Zeichen passt. Um Wiederholungen dieser Zeichenklassen zu erhalten, müssen Sie die Definition wiederholen, zum Beispiel so:

```
'[:digit:]'
'[:digit:][:digit:][:digit:]'
'[:digit:]{3}'
```

Im ersten Beispiel wird ein einzelnes numerisches Zeichen gefunden. Im zweiten Beispiel werden nur dreistellige (oder größere) Zahlen gefunden. Das dritte Beispiel ist eine sauberere, kürzere Möglichkeit, das zweite Beispiel zu schreiben. Viele Liebhaber regulärer Ausdrücke versuchen, mit möglichst kurzen Mustern möglichst viel zu erreichen. Zeigen Sie ihnen das zweite Beispiel, werden sie vermutlich schaudern. Das dritte Beispiel ist ein effizienterer Weg, genau das Gleiche zu erreichen.

Aufbau eines regulären Ausdrucks

Wie in der Mathematik gibt es auch bei *grep* Regeln für die Prioritäten bei der Verarbeitung. Wiederholungen werden vor dem Verketten ausgeführt. Verkettung wird vor Alternationen ausgeführt. Strings werden verkettet, indem sie einfach nebeneinander im regulären Ausdruck stehen – es gibt kein besonderes Zeichen, um so eine Verkettung festzulegen.

Schauen Sie sich zum Beispiel den folgenden regulären Ausdruck an:

```
'pat{2}ern|red'
```

In diesem Beispiel wird die Wiederholung zuerst umgesetzt, was zu zwei "t"s führt. Dann werden die Strings verkettet, was zu "pattern" auf der einen Seite des Pipe-Zeichens und "red" auf der anderen Seite führt. Als Nächstes wird die Alternation verarbeitet, womit ein regulärer Ausdruck entsteht, der nach "pattern" oder "red" sucht. Was aber, wenn Sie nach "patpattern" und "red" oder "pattern" oder "pattred" suchen wollen?

In diesem Fall werden – wie in der Mathematik – Klammern genutzt, um die Prioritätsregeln zu "überschreiben", zum Beispiel so:

```
2 + 3 / 5
(2 + 3) / 5
```

Diese zwei mathematischen Gleichungen führen aufgrund der Klammern zu unterschiedlichen Ergebnissen. Das Konzept ist hier das gleiche:

```
'(pat){2}ern|red'
'pat{2}(ern|red)'
```

Das erste Muster wird "pat" zunächst verketten und es dann zweimal wiederholen, was zu "patpatern" und "red" als Such-Strings führt. Das zweite Beispiel wird zuerst die Alternations-untermuster verarbeiten, so dass der reguläre Ausdruck nach "pattern" und "pattred" suchen wird. Die Verwendung von Klammern kann Ihnen dabei helfen, Ihren regulären Ausdruck zu verfeinern, damit bestimmte Inhalte abhängig davon gefunden werden, wie Sie ihn aufbauen. Selbst wenn die Prioritätsregeln für einen bestimmten regulären Ausdruck nicht überschrieben werden müssen, ist es manchmal sinnvoll, Klammern zu nutzen, um die Lesbarkeit zu verbessern.

Ein regulärer Ausdruck kann fortgesetzt werden, solange das öffnende einfache Anführungszeichen nicht wieder geschlossen wird, zum Beispiel so:

```
$ grep 'patt
> ern' filename
```

Hier wurde das schließende einfache Anführungszeichen noch nicht eingefügt, obwohl der Anwender schon die Eingabetaste gedrückt hatte – direkt nach dem zweiten "t" (ohne ein weiteres Leerzeichen). Die nächste Zeile zeigt einen Prompt ">", der angibt, dass immer noch auf das Schließen des String gewartet wird, bevor mit der Verarbeitung des Befehls fortgefahren werden kann. Solange Sie weiterhin die Eingabetaste drücken, erhalten Sie immer wieder diesen Prompt, bis Sie entweder Strg-C drücken, um den Befehl abzubrechen, oder das schließende Anführungszeichen eingeben, damit der Befehl ausgeführt werden kann. Damit lassen sich lange reguläre Ausdrücke an der Befehlszeile (oder in einem Shell-Skript) eingeben, ohne alles in eine Zeile quetschen und damit schlechter lesbar machen zu müssen.

In diesem Fall sucht der reguläre Ausdruck nach dem Wort "pattern". Der Befehl ignoriert Zeilenumbrüche und fügt sie nicht in den regulären Ausdruck selbst ein, daher ist es möglich, mitten in einem Wort die Eingabetaste zu drücken und auf der nächsten Zeile weiterzumachen. Allerdings muss man sich trotzdem um die Lesbarkeit Gedanken machen, da "Leerzeichen" nicht so leicht zu erkennen sind. Damit wird dieses Beispiel zu einem großartigen Kandidaten für Untermuster, um den regulären Ausdruck verständlicher zu machen.

Es ist auch möglich, mehrere verschiedene Strings mit ihren eigenen Anführungszeichen zu gruppieren, zum Beispiel so:

```
'patt''ern'
```

Damit würde nach dem Wort "pattern" gesucht, so als ob Sie es direkt mit dem eigentlich erwarteten regulären Ausdruck ''pattern'' eingegeben hätten. Dieses Beispiel ist natürlich nicht so praktisch, und es gibt keinen wirklich guten Grund, den Text so aufzuteilen. Aber in Kombination mit unterschiedlichen Anführungszeichen ermöglicht diese Technik Ihnen, sich die Auswirkungen der verschiedenen Anführungszeichen zunutze zu machen, um einen regulären Ausdruck zusammen mit Umgebungsvariablen und/oder Befehlsausgaben zu erstellen, zum Beispiel so:

```
$ echo $HOME
/home/bambenek
$ whoami
bambenek
```

Das zeigt, dass die Umgebungsvariable $HOME auf */home/bambenek* gesetzt ist und der Befehl *whoami* den Wert "bambenek" ausgibt. Schauen Sie sich nun den folgenden regulären Ausdruck an:

```
'username:'`whoami`' and home directory
is '"$HOME"
```

Damit würde der String "username:bambenek and home directory is /home/bambenek" gefunden, weil die Ausgabe des

Befehls *whoami* und der Wert der Umgebungsvariablen `$HOME` genutzt werden. Das hier ist ein kurzer Überblick über reguläre Ausdrücke und ihre Anwendung. Es gibt ganze Bücher, die sich der Komplexität regulärer Ausdrücke widmen, aber dieser kurze Ausflug reicht aus, um Sie damit vertraut zu machen, was Sie für die Anwendung des Befehls *grep* benötigen.

Grundlagen von grep

Es gibt zwei Möglichkeiten, *grep* zu nutzen. Bei der ersten wird eine Datei untersucht:

```
grep regexp filename
```

grep sucht die angegebene `regexp` in der Datei (`filename`). Die zweite Methode ist, *grep* zum Analysieren der "Standardeingabe" aufzurufen, zum Beispiel so:

```
cat filename | grep regexp
```

In diesem Fall gibt der Befehl *cat* den Inhalt einer Datei aus. Die Ausgabe dieses Befehls wird an den Befehl *grep* weitergeleitet ("gepipet"), der dann nur die Zeilen anzeigt, die zu der gegebenen Regexp passen. Die zwei eben gezeigten Beispiele liefern identische Ergebnisse, da der Befehl *cat* die Datei unverändert ausgibt, aber die zweite Form ist sehr nützlich, um andere Befehle zu "greppen", die ihre Eingabe verändern.

Wenn *grep* ohne einen Dateinamen als Argument aufgerufen wird und auch keine Eingabe übergeben bekommt, können Sie Text eingeben, der wieder ausgegeben wird, wenn er eine Zeile enthält, die zur Regexp passt. Zum Beenden drücken Sie Strg-D.

Manchmal ist die Ausgabe ziemlich umfangreich und lässt sich in einem Terminalfenster nur schlecht scrollen. Das ist meist bei großen Dateien der Fall, die sich wiederholende Phrasen enthalten, wie zum Beispiel bei Fehlerlogs. In diesen Fällen hilft das "Pipen" der Ausgabe an die Befehle *more* oder *less*, da man dann seitenweise blättern kann:

```
grep regexp filename | more
```

Eine andere Option, um die Ausgabe besser handhabbar zu machen, ist das Umleiten der Ergebnisse in eine neue Datei, die sich später mit einem Texteditor öffnen lässt:

```
grep regexp filename > newfilename
```

Es mag auch vorteilhaft erscheinen, nach Zeilen zu suchen, die mehrere Muster erfüllen und nicht nur eines. Im folgenden Beispiel enthält die Textdatei *editinginfo* ein Datum, einen Benutzernamen und die Datei, die durch diesen Benutzer an dem Datum bearbeitet wurde. Wenn ein Administrator nur an den Dateien interessiert ist, die von "Smith" bearbeitet wurden, kann er Folgendes eingeben:

```
cat editinginfo | grep Smith
```

Die Ausgabe würde so aussehen:

```
May 20, 2008      Smith        hi.txt
June 21, 2008     Smith        world.txt
     .
     .
```

Vielleicht möchte ein Administrator aber auch mehrere Muster nutzen, was sich durch das "Verketten" von *grep*-Befehlen erreichen lässt. Wir sind vertraut mit der Funktion des Befehls cat *filename* | grep *regexp*. Pipet man das *grep* in weitere *grep*-Befehle, können wir eine deutlich verfeinerte Suche durchführen:

```
cat filename | grep regexp | grep regexp2
```

In diesem Fall sucht der Befehl nach Zeilen in *filename*, die sowohl *regexp* als auch *regexp2* enthalten. Genauer gesagt, sucht *grep* in den Ergebnissen der Ausführung von *grep* mit *regexp* nach *regexp2*. Um nochmal auf das vorige Beispiel zurückzukommen: Wenn ein Administrator alle Tage erhalten möchte, an denen Smith eine Datei bearbeitet hat, aber mit Ausnahme von *hi.txt*, könnte er den folgenden Befehl aufrufen:

```
cat editinginfo | grep Smith | grep -v hi.txt
```

Das Ergebnis würde so aussehen:

Es ist wichtig, darauf hinzuweisen, dass das "Verketten" von *grep*-Befehlen meistens ineffizient ist. Oft kann ein einzelner regulärer Ausdruck erstellt werden, um mehrere Bedingungen in einer Suche zusammenzufassen.

Beispielsweise könnte man anstelle des obigen Beispiels, das drei verschiedene Befehle kombiniert, das gleiche mit folgender Befehlsfolge erreichen:

```
grep Smith | grep -v hi.txt
```

Wenn Sie das Pipe-Zeichen verwenden, wird der erste Befehl ausgeführt und das Ergebnis an den nächsten Befehl übergeben. In diesem Fall sucht *grep* nach Zeilen, die "Smith" enthalten und übergibt sie an den nächsten *grep*-Befehl, der Zeilen ausschließt, die "hi.txt" enthalten. Wenn eine Suche mit weniger Befehlen oder weniger Entscheidungen durchgeführt werden kann, wird sie im Allgemeinen effizienter sein. Bei kleinen Dateien ist die Performance nicht so ein Thema, aber wenn Sie Gigabyte-große Logdateien durchsuchen wollen, kann das schon wichtig sein.

Es gibt eine Situation, für die das Pipen von Befehlen wunderbar geeignet ist: wenn Sie Inhalte durchsuchen wollen, die kontinuierlich gestreamt werden. Stellen Sie sich zum Beispiel vor, dass Sie eine Logdatei in Echtzeit auf bestimmte Inhalte hin überwachen wollen. Dann können Sie den folgenden Befehl nutzen:

```
tail -f /var/log/messages | grep WARNING
```

Dieser Befehl würde die letzten zehn Zeilen der Datei */var/log/messages* öffnen (normalerweise die Hauptsystemlogdatei auf einem Linux-System), die Datei aber offen lassen und alle Inhalte ausgeben, die der Datei angefügt werden, während das Programm läuft (die Option -f von *tail* wird oft als "follow" bezeichnet). Daher würde die eben gezeigte Befehlskette nach allen Einträgen suchen, die den String "WARNING" enthalten, sie an der Konsole ausgeben und alle anderen Mitteilungen verwerfen.

Wichtig zu wissen ist, dass *grep* in einer Zeile sucht. Sobald es einen Zeilenumbruch vorfindet, wird die gesamte Suche auf der nächsten Zeile neu gestartet. Wenn Sie also mit *grep* nach einem Satz suchen, gibt es eine durchaus reelle Chance, dass sich mittendrin ein Zeilenumbruch befindet, so dass Sie den Satz nicht direkt finden. Selbst die Angabe des Zeilenendzeichens mitten im Suchmuster löst das Problem nicht. Manche Texteditoren und andere Anwendungen brechen die Wörter einfach um, ohne einen "harten" Zeilenumbruch einzufügen. Dort ist die Suche kein Problem, aber man sollte sich dieser Einschränkung bewusst sein.

Um die Details der Implementierung regulärer Ausdrücke auf Ihrem Rechner kennenzulernen, sollten Sie die Manpages von `regex` und `re_format` anschauen. Es ist allerdings wichtig zu wissen, dass nicht alle Funktionen und Fähigkeiten der regulären Ausdrücke in *grep* eingebaut sind. So ist Suchen und Ersetzen zum Beispiel nicht möglich. Wichtiger ist noch, dass manche nützlichen Escape-Zeichen erst einmal zu fehlen scheinen.

So ist zum Beispiel \d eine Escape-Folge, die beliebige Ziffernzeichen (0 bis 9) in manchen regulären Ausdrücken findet. Das scheint aber bei *grep* in den Standarddistributionen und mit den normalen Kompilierungsoptionen nicht vorhanden zu sein (mit der Ausnahme von *grep* im Perl-Stil, das später behandelt wird). Dieser Leitfaden versucht, all das abzudecken, was standardmäßig in einer normalen Installation vorhanden ist, und eine verlässliche Ressource in Bezug auf die Fähigkeiten und Grenzen von *grep* zu sein.

Das Programm *grep* ist eigentlich ein Paket aus vier verschiedenen Programmen zur Mustererkennung, die verschiedene Modelle für reguläre Ausdrücke nutzen. Jedes Mustererkennungssystem hat seine Stärken und Schwächen, und jedes wird in den folgenden Abschnitten detailliert behandelt. Wir werden mit dem Originalmodell beginnen, das wir auch als Basis-*grep* bezeichnen.

Einfache reguläre Ausdrücke (grep oder grep -G)

Dieser Abschnitt konzentriert sich auf das Basis-*grep*. Die meisten der Optionen für das Basis-*grep* sind auch für die anderen Versionen nutzbar, die wir später noch behandeln.

Basis-*grep* oder *grep -G* ist der Standardmustererkennungstyp, der beim Aufruf von *grep* genutzt wird. *grep* interpretiert die angegebenen Muster als einfache reguläre Ausdrücke, wenn es den Befehl ausführt. Dies ist das Standard-*grep*-Programm, daher ist die Option-G so gut wie immer redundant.

Wie jeder Befehl hat auch *grep* eine Reihe von Optionen, die bestimmen, welche Übereinstimmungen gefunden werden und wie *grep* die Ergebnisse ausgibt. Die GNU-Version von *grep* unterstützt die meisten der in den folgenden Unterabschnitten aufgeführten Optionen.

Optionen zur Übereinstimmung

-e*pattern*, --regexp=*pattern*

```
grep -e -style doc.txt
```

Stellt sicher, dass *grep* das Muster als regulären Ausdruck erkennt. Das ist nützlich, wenn der reguläre Ausdruck mit einem Bindestrich beginnt, wodurch er wie eine Option aussieht. In diesem Beispiel sucht *grep* nach Zeilen, die zu "-style" passen.

-f*file*, --file=*file*

```
grep -f pattern.txt searchhere.txt
```

Holt sich die Muster aus *file*. Diese Option ermöglicht Ihnen, alle Muster, die Sie für die Übereinstimmung prüfen wollen, in eine Datei zu stecken, die hier den Namen *pattern.txt* hat. Dann sucht *grep* nach allen Mustern aus *pattern.txt* in der gewünschten Datei *searchhere.txt*. Die Muster ergänzen einander, *grep* liefert also jede Zeile zurück, die zu einem der Muster passt. Die Musterdatei muss ein Muster pro Zeile enthalten. Wenn *pattern.txt* leer ist, wird nichts gefunden.

`-i, --ignore-case`

```
grep -i 'help' me.txt
```

Ignoriert Groß- und Kleinschreibung im angegebenen regulären Ausdruck, egal ob er an der Befehlszeile eingegeben wurde oder durch die Option -f in einer Datei steht. Das angegeben Beispiel würde in der Datei *me.txt* nach dem String "help" suchen, wobei beliebige Groß- und Kleinschreibung gefunden wird ("HELP", "HelP" usw.). Ein ähnliches, aber obsoletes Synonym für diese Option ist -y.

`-v, --invert-match`

```
grep -v oranges filename
```

Gibt Zeilen zurück, die *nicht* passen. In diesem Beispiel würde jede Zeile in *filename* ausgegeben, die nicht das Muster "oranges" enthält.

`-w, --word-regexp`

```
grep -w 'xyz' filename
```

Passt nur, wenn der Eingabetext aus vollständigen Wörtern besteht. In diesem Beispiel reicht es nicht aus, dass eine Zeile die drei Buchstaben "xyz" hintereinander enthält, es müssen sich auch noch Leerzeichen oder Satzzeichen um sie herum befinden. Buchstaben, Ziffern und der Unterstrich werden als Teil eines Wortes angesehen – alle anderen Zeichen gelten als Wortgrenze, genau wie der Anfang und das Ende der Zeile. Das entspricht der Verwendung von \b am Anfang und Ende des regulären Ausdrucks.

`-x, --line-regexp`

```
grep -x 'Hello, world!' filename
```

Wie -w, aber die gesamte Zeile muss passen. Dieses Beispiel findet die Zeilen, deren gesamter Inhalt aus "Hello, world!" besteht. Zeilen mit zusätzlichem Inhalt werden nicht gefunden. Das kann beim Parsen von Logdateien nützlich sein, wenn Sie nach bestimmten Inhalten suchen, die auch noch in anderen Zusammenhängen vorhanden sind.

Optionen für die Ausgabe

-c, --count

```
grep -c contact.html access.log
```

Statt der normalen Ausgabe erhalten Sie nur einen Zähler, wie viele Zeilen in jeder Eingabedatei passen. Im Beispiel wird *grep* einfach nur die Anzahl zurückgeben, wie oft die Datei *contact.html* in einem Zugriffslog eines Webservers aufgeführt ist.

```
grep -c -v contact.html access.log
```

Dieses Beispiel gibt einen Zähler für alle Zeilen zurück, die *nicht* zum angegebenen String passen. In diesem Fall würde angegeben, wie oft jemand auf eine Datei auf dem Webserver zugegriffen hat, bei der es sich nicht um *contact.html* handelt.

--color[=WHEN], --colour[=WHEN]

```
grep -color[=auto] regexp filename
```

Wenn das Terminal Farben unterstützt, hebt *grep* so die Muster in der Ausgabe farblich hervor. Das geschieht, indem die gefundenen (nicht leeren) Strings, passende Zeilen, Kontextzeilen, Dateinamen, Zeilennummern, Byte-Offsets und Trennzeichen durch Escape-Folgen umschlossen werden, die das Terminal als Farbmarker erkennt. Die Farbe wird durch die Umgebungsvariable GREP_COLORS definiert (die weiter unten behandelt wird). WHEN hat drei Optionen: never, always und auto.

-l, --files-with-matches

```
grep -l "ERROR:" *.log
```

Statt der normalen Ausgabe werden nur die Namen der
Eingabedateien ausgegeben, die das Muster enthalten.
Wie bei -L stoppt die Suche nach dem ersten Treffer.
Wenn ein Administrator nur an den Dateinamen interes-
siert ist, die ein Muster enthalten, ohne alle passenden
Zeilen sehen zu wollen, ist diese Option genau richtig.
Damit kann *grep* auch beschleunigt werden, da die Suche
in einer Datei abgebrochen wird, sobald das Muster
gefunden ist. Ansonsten würde immer bis zum Ende der
Datei gesucht. Diese Methode wird häufig als "lazy mat-
ching" bezeichnet.

-L, --files-without-match

```
grep -L 'ERROR:' *.log
```

Statt der normalen Ausgabe werden nur die Namen der
Eingabedateien ausgegeben, die keine passenden Inhalte
haben. So gibt das Beispiel alle Logdateien aus, die keine
Fehlermeldungen enthalten. Es ist eine sehr effiziente Verwendung von *grep*, da es das Durchsuchen einer Datei
beendet, sobald es einen Treffer findet, und nicht jedes
Mal die ganze Datei durchsuchen muss.

-m*NUM*, --max-count=*NUM*

```
grep -m 10 'ERROR:' *.log
```

Diese Option teilt *grep* mit, das Durchsuchen einer Datei
nach *NUM* passenden Zeilen abzubrechen (in diesem Beispiel nach zehn Zeilen, die "ERROR:" enthalten). Das ist
beim Lesen großer Dateien nützlich, bei denen Wiederholungen sehr wahrscheinlich sind, wie zum Beispiel bei
Logdateien. Wenn Sie nur sehen wollen, ob Strings vorhanden sind, ohne das Terminal vollaufen zu lassen, verwenden Sie diese Option. Das hilft, zwischen regelmäßi-
gen und nur gelegentlich vorkommenden Fehlern unterscheiden zu können.

-o, --only-matching

```
grep -o pattern filename
```

Gibt nur den passenden Text aus und nicht die gesamte Eingabezeile. Das ist dann nützlich, wenn Sie *grep* nutzen, um eine Festplattenpartition oder eine Binärdatei nach dem Vorhandensein mehrerer Muster zu durchsuchen. Damit würde das Muster ausgegeben, das gefunden wurde, ohne Inhalte mit zu übermitteln, die für das Terminal zu Problemen führen können.

-q, --quiet, --silent

```
grep -q pattern filename
```

Unterdrückt die Ausgabe. Der Befehl liefert aber trotzdem nützliche Informationen, da der Exit-Status von *grep* geprüft werden kann (0 für Erfolg, wenn ein Muster gefunden wurde, 1, wenn keines gefunden wurde, und 2, wenn sich das Programm aufgrund eines Fehlers nicht ausführen ließ). Diese Option wird in Skripten genutzt, um das Vorhandensein eines Musters in einer Datei zu kontrollieren, ohne unnötige Ausgaben zu erzeugen.

-s, --no-messages

```
grep -s pattern filename
```

Unterdrückt alle Fehlermeldungen, die durch nicht vorhandene Dateien oder Berechtigungsprobleme entstehen. Das ist für Skripten nützlich, die das gesamte Dateisystem ohne root-Berechtigungen durchsuchen und daher sehr wahrscheinlich Berechtigungsfehler ausgeben würden, die nicht von Interesse sind. Andererseits werden auch nützliche diagnostische Informationen unterdrückt, wodurch Probleme eventuell nicht erkannt werden.

Optionen für die Gestaltung der Ausgabe

-b, --byte-offset

```
grep -b pattern filename
```

Zeigt den Byte-Offset jedes gefundenen Textes statt der Zeilennummer an. Das erste Byte in der Datei ist Byte 0, und unsichtbare Zeilenendzeichen (Newline in Unix) werden mitgezählt. Da standardmäßig immer ganze Zeilen ausgegeben werden, ist die angezeigte Zahl der Byte-Offset des Zeilenanfangs. Das ist insbesondere bei der Analyse von Binärdateien, dem Bauen von Patches und anderen Aufgaben nützlich, bei denen Zeilennummern bedeutungslos sind.

```
grep -b -o pattern filename
```

Die Option -o gibt den Offset zusammen mit dem gefundenen Muster selbst aus und die gesamte Zeile, in der das Muster enthalten ist. Das sorgt dafür, dass *grep* den Byte-Offset des gefundenen String und nicht den des Zeilenanfangs ausgibt.

-H, --with-filename

```
grep -H pattern filename
```

Gibt den Namen der Datei vor jeder gefundenen Zeile aus. Das ist das Standardverhalten, wenn mehr als eine Datei durchsucht wird, und nützlich, wenn Sie nur eine Datei durchsuchen und den Dateinamen in der Ausgabe haben wollen. Beachten Sie, dass hier relative (nicht absolute) Pfade und Dateinamen verwendet werden.

-h, --no-filename

```
grep -h pattern *
```

Das Gegenstück zu -H. Wenn mehr als eine Datei im Spiel ist, wird die Ausgabe des Dateinamens vor jeder gefundenen Zeile unterdrückt. Das ist das Standardverhalten, wenn nur eine Datei oder die Standardeingabe involviert sind, und nützlich, um Dateinamen zu unterdrücken, wenn ganze Verzeichnisse durchsucht werden.

--label= LABEL

```
gzip -cd file.gz | grep --label=LABEL pattern
```

Wenn die Daten über die Standardeingabe eintreffen (zum Beispiel, weil die Ausgabe einer anderen Datei an *grep* weitergeleitet wird), versieht die Option `--label` die Zeile mit `LABEL`. In diesem Beispiel gibt der Befehl *gzip* den Inhalt der unkomprimierten Datei aus *file.gz* aus und leitet ihn an *grep* weiter.

`-n, --line-number`

```
grep -n pattern filename
```

Nimmt die Zeilennummer jeder angezeigten Zeile mit auf, wobei die erste Zeile der Datei die 1 ist. Das kann beim Debuggen von Code nützlich sein, denn so können Sie danach die Datei mit einem Editor öffnen und direkt zu der gefundenen Zeile springen.

`-T, --initial-tab`

```
grep -T pattern filename
```

Fügt vor jeder gefundenen Zeile ein Tab-Zeichen ein, so dass es zwischen den von *grep* erzeugten Informationen und dem eigentlichen Zeileninhalt steht. Diese Option ist nützlich, um das Layout klarer zu gestalten. So lassen sich zum Beispiel Zeilennummern, Byte-Offsets, Labels und so weiter vom gefundenen Text trennen.

`-u, --unix-byte-offsets`

```
grep -u -b pattern filename
```

Diese Option funktioniert nur auf MS-DOS- und Microsoft Windows-Plattformen und muss mit -b aufgerufen werden. Sie berechnet den Byte-Offset so, als ob das Programm auf einem Unix-System laufen würde, und entfernt die Carriage-Return-Zeichen.

`-Z, --null`

```
grep -Z pattern filename
```

Gibt nach jedem Dateinamen ein ASCII NUL aus (ein Byte mit dem Wert 0). Das ist nützlich, wenn man Dateinamen verarbeitet, die Sonderzeichen enthalten (wie zum Beispiel Carriage Returns).

Anpassen des Kontextes

`-ANUM, --after-context=NUM`

```
grep -A 3 Copyright filename
```

Macht den Kontext gefundener Zeilen sichtbar, indem die jeder Übereinstimmung folgenden *NUM* Zeilen mit ausgegeben werden. Zwischen den Gruppen von Übereinstimmungen wird ein Gruppentrenner (--) eingefügt. In diesem Beispiel werden nach jeder passenden Zeile die nächsten drei Zeilen mit ausgegeben. Das ist zum Beispiel nützlich, wenn Sie Quellcode durchsuchen. Das Beispiel gibt nach jedem gefundenen "Copyright" die drei folgenden Zeilen aus.

`-B NUM, --before-context=NUM`

```
grep -B 3 Copyright filename
```

Gleiches Konzept wie bei der Option -A *NUM*, nur dass die Zeilen vor der Übereinstimmung ausgegeben werden, nicht die danach. Das ist ebenfalls beim Durchsuchen von Quellcode nützlich. Das angegebene Beispiel gibt die drei Zeilen vor jeder Zeile aus, die den String "Copyright" enthält, der häufig in Quellcodedateien weit oben steht.

`-CNUM, -NUM, --context=NUM`

```
grep -C 3 Copyright filename
```

Die Option -C *NUM* verhält sich so, als ob der Anwender beide Optionen -A *NUM* und -B *NUM* eingegeben hätte. Es werden *NUM* Zeilen vor *und* nach der Übereinstimmung ausgegeben. Zwischen den Gruppen von Übereinstimmungen wird ein Gruppentrenner (--) eingefügt. In diesem Beispiel werden jeweils drei Zeilen vor und nach der passenden Zeile ausgegeben. Das ist ebenfalls nützlich, um Quellcode zu durchsuchen.

Auswahl von Dateien und Verzeichnissen

`-a, --text`

>   `grep -a pattern filename`

Entspricht der Option `--binary-files=text`, mit der Binärdateien so verarbeitet werden, als ob es sich um Textdateien handelt.

`--binary-files= TYPE`

>   `grep --binary-files=TYPE pattern filename`

TYPE kann einen der Werte `binary`, `without-match` oder `text` haben. Wenn *grep* eine Datei das erste Mal untersucht, bestimmt es, ob die Datei eine "Binärdatei" ist (eine Datei, die vor allem aus für Menschen nicht lesbaren Inhalten besteht), und passt seine Ausgabe dementsprechend an. Standardmäßig wird bei einer Übereinstimmung in einer Binärdatei nur die Nachricht "Binary file *somefile.bin* matches" ausgegeben. Das Standardverhalten kann auch über die Option `--binary-files=binary` festgelegt werden.

Wenn *TYPE* den Wert `without-match` hat, durchsucht *grep* die Binärdatei nicht und verhält sich so, als ob es keine Übereinstimmung gäbe (entspricht der Option `-l`). Wenn *TYPE* den Wert `text` hat, wird die Binärdatei wie Text behandelt (entspricht der Option `-a`). Manchmal gibt `--binary-files=text` Binärmüll aus, der vom Terminal teilweise als Befehle interpretiert werden kann. Dadurch gerät es durcheinander und ist nicht mehr nutzbar, bis es zurückgesetzt wird. Das lässt sich mit den Befehlen *tput init* und *tput reset* erreichen.

`-DACTION, --devices=ACTION`

>   `grep -D read 123-45-6789 /dev/hda1`

Wenn die Eingabedatei eine besondere Datei ist, wie zum Beispiel ein FIFO oder ein Socket, teilt diese Option *grep* mit, wie es sich verhalten soll. Standardmäßig verarbeitet *grep* diese Dateien so, als ob es sich um normale

Dateien im System handelt. Wenn *ACTION* auf `skip` gesetzt wurde, wird *grep* sie still und leise ignorieren. Ist der Wert `read`, wird *grep* das Device so lesen, als ob es sich um eine normale Datei handelt. Das Beispiel durchsucht eine ganze Festplattenpartition nach der angezeigten falschen Sozialversicherungsnummer.

`-dACTION`, `--directories=ACTION`

> `grep -d ACTION pattern path`

Diese Option teilt *grep* mit, wie Verzeichnisse zu behandeln sind, die als Eingabedateien übergeben werden. Wenn *ACTION* den Wert `read` hat, wird das Verzeichnis gelesen, als ob es sich um eine Datei handelt. `recurse` durchsucht die Dateien innerhalb des Verzeichnisses (das entspricht der Option `-R`), und `skip` überspringt das Verzeichnis, ohne es zu durchsuchen.

`--exclude=` *GLOB*

> `grep --exclude=PATTERN path`

Passt die Liste der Eingabedateien an, indem *grep* angewiesen wird, Dateien zu ignorieren, die dem angegebenen Muster entsprechen. *PATTERN* kann ein vollständiger Dateiname sein oder die typischen "GLOB"-Joker enthalten, die die Shell beim Suchen von Dateien nutzt (*, ? und []). So werden zum Beispiel mit `--exclude=*.exe` alle Dateien übersprungen, die auf *.exe* enden.

`--exclude-from=` *FILE*

> `grep --exclude-from=FILE path`

Diese Option entspricht `--exclude`, nur dass eine Liste mit Mustern aus einer angegebenen Datei geholt wird, in der jedes Muster in einer Zeile steht. *grep* wird dann alle Dateien ignorieren, die zu einer der Zeilen in der Liste der Muster passen.

`--exclude-dir=` *DIR*

> `grep --exclude-dir=DIR pattern path`

Alle Verzeichnisse im Pfad, die zum Muster `DIR` passen, werden aus rekursiven Suchen ausgeschlossen. In diesem Fall muss das zu ignorierende Verzeichnis (relativ oder absolut) angegeben werden, um es auszuschließen. Damit diese Option sinnvoll eingesetzt werden kann, braucht man auch die Optionen `-r` oder `-d recurse`.

`-l`

```
grep -l pattern filename
```

Entspricht der Option `--binary-files=without-match`. Wenn *grep* eine Binärdatei findet, tut es so, als ob es keine Übereinstimmung in der Datei gibt.

`--include=` `GLOB`

```
grep --include=*.log pattern filename
```

Beschränkt die Suche auf Eingabedateien, deren Namen dem angegebenen Muster entsprechen (in diesem Beispiel also auf Dateien, die auf *.log* enden). Diese Operation ist insbesondere dann nützlich, wenn Sie Verzeichnisse mit der Option `-R` durchsuchen. Dateien, die dem angegebenen Muster nicht entsprechen, werden ignoriert. Es können entweder ein vollständiger Dateiname angegeben oder die üblichen "GLOB"-Joker genutzt werden, die auch die Shell zum Finden von Dateien verwendet (*, ? und []).

`-R, -r, --recursive`

```
grep -R pattern path
grep -r pattern path
```

Durchsucht alle Dateien in allen Verzeichnissen, die als Eingabedateien an *grep* übergeben werden.

Weitere Optionen

`--line-buffered`

```
grep --line-buffered pattern filename
```

Verwendet Zeilenpuffer für die Ausgabe. So eine Ausgabe führt im Allgemeinen zu einer schnelleren Verarbeitung. Das Standardverhalten von *grep* ist, eine ungepufferte Ausgabe zu nutzen. Die Verwendung dieser Option ist meist Geschmackssache.

`--mmap`

> `grep --mmap pattern filename`

Verwendet die Funktion `mmap()` statt `read()`, um Daten zu verarbeiten. Das kann zu einem Performancegewinn, aber auch zu Fehlern führen, wenn es I/O-Probleme gibt oder die Datei kleiner wird, während man sie durchsucht.

`-U, --binary`

> `grep -U pattern filename`

Eine Option, die spezifisch für MS-DOS/Windows ist und *grep* veranlasst, alle Dateien als Binärdateien anzusehen. Normalerweise würde *grep* Carriage Returns entfernen, bevor es anfängt, zu suchen, aber diese Option überschreibt das Verhalten. Damit müssen Sie allerdings beim Schreiben von Muster sorgfältiger vorgehen. Wenn zum Beispiel Inhalte in einer Datei dem Muster entsprechen, aber einen Zeilenumbruch enthalten, ist eine Suche nach diesem Muster nicht erfolgreich.

`-V, --version`
Gibt einfach die Versionsinformationen von *grep* aus und beendet das Programm danach.

`-z, --null-data`

> `grep -z pattern`

Eingabezeilen werden behandelt, als ob alle mit einem Null-Byte (oder dem Zeichen ASCII NUL) enden statt mit einem Zeilenumbruch. Diese Option ähnelt den Optionen `-Z` oder `--null`, nur dass es hier um die Eingabe geht, nicht um die Ausgabe.

Eine abschließende Einschränkung zum Basis-*grep*: Die Metazeichen der "erweiterten" regulären Ausdrücke — ?, +, {, }, |,

(und)-- funktionieren nicht mit Basis-*grep*. Die durch diese Zeichen bereitgestellten Funktionen sind nutzbar, wenn Sie sie durch ein führendes Escape-Zeichen ergänzen. Mehr dazu finden Sie im nächsten Abschnitt.

Erweiterte reguläre Ausdrücke (egrep oder grep -E)

grep -E und *egrep* sind genau der gleiche Befehl. Sie durchsuchen Dateien nach Mustern, die als erweiterte reguläre Ausdrücke interpretiert werden. Ein erweiterter regulärer Ausdruck nutzt nicht nur die schon erwähnten Optionen, er verwendet auch zusätzliche Metazeichen, um komplexere und mächtigere Suchstrings zu erstellen. Die verwendeten Befehlszeilenoptionen sind bei *grep -E* und *grep* gleich – der einzige Unterschied liegt darin, wie sie das Suchmuster verarbeiten:

?

> ? in einem Ausdruck macht etwas *optional*. Jedes Zeichen, das vor dem Fragezeichen steht, kann im Zielstring auftauchen, muss es aber nicht. Stellen Sie sich zum Beispiel vor, dass Sie nach dem Wort "behavior" suchen, das aber auch als "behaviour" geschrieben werden kann. Statt die *Oder*-Option (|) zu verwenden, können Sie folgenden Befehl verwenden:

> `egrep 'behaviou?r' `*`filename`*

> Als Ergebnis ist die Suche sowohl für "behavior" als auch für "behaviour" erfolgreich, weil sie die An- und Abwesenheit des Buchstabens "u" zulässt.

+

> Das Pluszeichen greift das vorige Zeichen auf und erlaubt unendlich viele Wiederholungen bei der Suche nach passenden Strings. Der folgende Befehl würde sowohl für "pattern1" als auch für "pattern11111" passen, aber nicht für "pattern":

> `egrep 'pattern1+' `*`filename`*

{ *n* , *m* }

Die geschweiften Klammern werden genutzt, um festzulegen, wie oft ein Muster wiederholt werden muss, bevor es passt. Anstatt also zum Beispiel nach "patternnnn" zu suchen, können Sie auch den folgenden Befehl aufrufen:

```
egrep 'pattern{4}' filename
```

Damit wird jeder String gefunden, der "patternnnn" enthält, ohne dass man sich wiederholenden Teil so oft eingeben muss. Um mindestens vier Wiederholungen zu erhalten, können Sie den folgenden Befehl nutzen:

```
egrep 'pattern{4,}' filename
```

Schauen Sie sich andererseits folgendes Beispiel an:

```
egrep 'pattern{,4}' filename
```

Auch wenn es zu den verwendeten Konventionen passt, ist dies *kein* gültiger Ausdruck. Der gezeigte Befehl würde nicht zu Ergebnissen führen, weil es nicht möglich ist, "nicht mehr als *X* Übereinstimmungen" zu haben.

Um zwischen vier und sechs Wiederholungen zu finden, benutzen Sie Folgendes:

```
grep 'pattern{4,6}' filename
```

|

Wird in einem regulären Ausdruck verwendet, um ein "Oder" zu ermöglichen. So erlaubt die Pipe (|) Ihnen, mehrere Muster in einem Ausdruck zu kombinieren. Stellen Sie sich zum Beispiel vor, dass Sie einen von zwei Namen in einer Datei suchen müssen. Das erreichen Sie mit folgendem Befehl:

```
egrep 'name1|name2' filename
```

Es würden dann Zeilen gefunden, die entweder "name1" oder "name2" enthalten.

( )

Klammern können genutzt werden, um bestimmte Textstrings für Rückverweise, Alternationen oder einfach aus

---

Gründen der Lesbarkeit zu "gruppieren". Zudem kann die Verwendung von Klammern dabei helfen, Mehrdeutigkeiten so aufzulösen, wie es der Anwender braucht. Muster innerhalb von Klammern werden häufig als Untermuster (Subpatterns) bezeichnet.

Klammern begrenzen auch den Gültigkeitsbereich von Pipes (|). Damit kann der Benutzer genauer festlegen, welche Strings Teil der "Oder"-Operation sind. Um zum Beispiel nach Zeilen zu suchen, die entweder "pattern" oder "pattarn" enthalten, könnten Sie den folgenden Befehl verwenden:

```
egrep 'patt(a|e)rn' filename
```

Ohne die Klammern würde das Suchmuster `patta|ern` lauten, was zu den Strings "patta" oder "ern" passt – ein ganz anderes Ergebnis als das, was gewünscht war.

In den einfachen regulären Ausdrücken negiert der Backslash (\) das Verhalten eines Metazeichens und sorgt dafür, dass das Zeichen literal betrachtet wird. Das passiert in *egrep* auch, aber es gibt eine Ausnahme. Das Metazeichen { wird vom klassischen *egrep* nicht unterstützt. Auch wenn manche Versionen \{ literal interpretieren, sollte es in *egrep*-Mustern vermieden werden. Stattdessen sollte man auf [{] zurückgreifen, um das eigentliche Zeichen zu finden, ohne die besondere Bedeutung auszulösen.

Es stimmt nicht ganz, dass das Basis-*grep* diese Metazeichen nicht auch nutzt. Sie lassen sich nutzen, aber nicht direkt. Jedem der Metazeichen aus den erweiterten regulären Ausdrücken muss ein Escape-Zeichen vorangestellt werden, um seine besondere Bedeutung auszulösen. Beachten Sie, dass das die umgekehrte Form des normalen Verhaltens ist, bei dem ein Escape-Zeichen die besondere Bedeutung entfernt.

Tabelle 3 zeigt, wie man die Metazeichen der erweiterten regulären Ausdrücke mit dem Basis-*grep* verwendet.

Tabelle 3. Vergleich von einfachen und erweiterten regulären Ausdrücken

Einfache reguläre Ausdrücke	Erweiterte reguläre Ausdrücke
`'\(red\)'`	`'(red)'`
`'a\{1,3\}'`	`'a{1,3}'`
`'behaviou\?r'`	`'behaviou?r'`
`'pattern\+'`	`'pattern+'`

Durch Tabelle 3 verstehen Sie vielleicht, warum die Leute die prinzipielle Verwendung des erweiterten *grep* bevorzugen, wenn sie erweiterte reguläre Ausdrücke nutzen. Abgesehen von der Bequemlichkeit ist es aber auch ein Leichtes, die notwendigen Escape-Zeichen zu vergessen, womit das Muster unbemerkt nicht so funktioniert, wie es soll. Ein idealer regulärer Ausdruck sollte eindeutig sein und so wenige Zeichen wie möglich nutzen.

Feste Strings (fgrep oder grep -F)

Im folgenden Abschnitt behandeln wir *grep -F* oder *fgrep*. *fgrep* steht für Fixed String oder Fast *grep*. Es heißt deshalb "Fast Grep", weil es im Vergleich zu *grep* und *egrep* deutlich schneller ist. Das schafft es, indem es reguläre Ausdrücke überhaupt nicht nutzt und nur nach festen Stringmustern sucht. Das ist nützlich, wenn man nach bestimmten statischen Inhalten sucht, ähnlich dem Verhalten von Google.

Um *fgrep* aufzurufen, gibt man Folgendes ein:

```
fgrep string_pattern filename
```

fgrep ist dazu gedacht, schnell und ohne komplizierte Funktionen ausgeführt zu werden, daher sind die möglichen Befehlszeilenoptionen reduziert. Die bekanntesten sind

-b

```
fgrep -b string_pattern filename
```

Zeigt die Blocknummer an, an der das *string_pattern* gefunden wurde. Da standardmäßig ganze Zeilen ausgegeben werden, handelt es sich bei der Byte-Nummer um den Byte-Offset des Zeilenanfangs.

`-c`

```
fgrep -c string_pattern filename
```

Damit wird die Zahl der Zeilen gezählt, die eine oder mehrere Instanzen von *string_pattern* enthalten.

`-e, -string`

```
fgrep -e string_pattern filename
```

Wird genutzt, um mehr als ein Muster zu suchen, oder wenn das *string_pattern* mit einem Bindestrich beginnt. Obwohl Sie eine neue Zeile nutzen können, um mehr als einen String anzugeben, lässt sich auch die Option -e mehrfach verwenden, was beim Schreiben von Skripten hilfreich ist:

```
fgrep -e string_pattern1
-e string_pattern2 filename
```

`-f file`

```
fgrep -f newfile string_pattern filename
```

Gibt die Ergebnisse der Suche in einer neuen Datei aus, statt sie direkt auf das Terminal zu schicken. Das ist ein anderes Verhalten als bei der Option -f in *grep* – dort wird damit eine Datei mit Suchmustern festgelegt.

`-h`

```
fgrep -h string_pattern filename
```

Wenn die Suche in mehr als einer Datei durchgeführt wird, sorgt -h dafür, dass *fgrep* die *Dateinamen* vor den gefundenen Ergebnissen ausgibt.

`-i`

```
fgrep -i string_pattern filename
```

Die Option -i weist *fgrep* an, Groß- und Kleinschreibung in *string_pattern* bei der Suche zu ignorieren.

-l

        fgrep -l string_pattern filename

Gibt die Dateien aus, die *string_pattern* enthalten, aber nicht die eigentlich gefundenen Zeilen.

-n

        fgrep -n string_pattern filename

Gibt die Zeilennummer vor der gefundenen Zeile aus.

-v

        fgrep -v string_pattern filename

Findet jede Zeile, die nicht *string_pattern* enthält.

-x

        fgrep -x string_pattern filename

Gibt die Zeilen aus, die *string_pattern* komplett erfüllen. Das ist das Standardverhalten von *fgrep*, daher muss es normalerweise nicht angegeben werden.

Reguläre Ausdrücke im Perl-Stil (grep -P)

Reguläre Ausdrücke im Perl-Stil verwenden die Perl-Compatible Regular Expressions- (PCRE-)Bibliothek, um die Muster zu interpretieren und Suchen durchzuführen. Wie der Name schon nahelegt, wird hier die Perl-Implementierung regulärer Ausdrücke verwendet. Perl hat den Vorteil, dass die Sprache für das Suchen und Bearbeiten von Texten optimiert wurde. Daher können PCRE effizienter vorgehen und bieten mehr Funktionen. Die Konsequenz ist aber auch, dass es fürchterlich verwirrend und komplex werden kann. Anders gesagt: Mit PCRE Informationen zu finden, ist wie das Verwenden einer Motorsäge für Gehirnchirurgie: die Aufgabe lässt sich mit minimalem Einsatz lösen, aber es gibt eine ziemliche Sauerei.

Die spezifischen Suchmöglichkeiten und -optionen mit PCRE hängen nicht von *grep* selbst ab, sondern sie greifen auf die libpcre-Bibliothek und die zugrunde liegende Version von Perl zurück. Das bedeutet, dass es große Unterschiede zwischen verschiedenen Rechnern und Betriebssystemen geben kann. Normalerweise stellen die Manpages von `pcrepattern` oder `pcre` die rechnerspezifischen Informationen zu den Optionen bereit, die bei Ihnen verfügbar sind. Im Folgenden erhalten Sie eine allgemeine Zusammenfassung der PCRE-Suchfunktionen, die auf den meisten Rechnern verfügbar sein sollten.

Beachten Sie auch, dass die regulären Ausdrücke im Perl-Stil nicht unbedingt standardmäßig auf Ihrem Betriebssystem vorhanden sein müssen. Fedora- und Red Hat–basierte Systeme enthalten sie meistens (wenn denn die PCRE-Bibliothek installiert ist), aber Debian zum Beispiel ermöglicht standardmäßig keine regulären Ausdrücke im Perl-Stil in seinem *grep*-Paket. Stattdessen gibt es ein Programm *pcregrep*, das dem Aufruf von *grep -P* ähnelnde Funktionalität bietet. Aber es steht natürlich jedem frei, sein eigenes *grep*-Binary zu kompilieren, das PCRE-Unterstützung enthält.

Um zu testen, ob Ihre *grep*-Version reguläre Ausdrücke im Perl-Stil unterstützt, führen Sie den folgenden Befehl aus (oder einen ähnlichen):

```
$ grep -P test /bin/ls
grep: The -P option is not supported
```

Das bedeutet im Allgemeinen, das beim Bauen von *grep* die Bibliothek libpcre nicht gefunden werden konnte oder dass sie bewusst beim Kompilieren mit der Option `--disable-perl-regexp` abgeschaltet wurde. Man kann dann entweder die *libpcre* nachinstallieren und *grep* neu kompilieren oder ein passendes Paket für das eigene Betriebssystem finden.

Die allgemeine Form bei der Verwendung von *grep* im Perl-Stil ist:

```
grep -P options pattern file
```

Anders als bei *grep -F* und *grep -E* gibt es keinen Befehl "*pgrep*". Der Befehl *pgrep* wird verwendet, um nach laufenden Prozessen auf einem Rechner zu suchen. Alle Befehlszeilenoptionen für *grep* funktionieren auch bei *grep -P*, nur die Muster werden anders verarbeitet. PCRE stellt zusätzliche Metazeichen und Zeichenklassen bereit, die für eine erweiterte Suchfunktionalität genutzt werden können. Abgesehen von den ergänzenden Metazeichen und Klassen wird das Muster genauso aufgebaut wie bei einem klassischen regulären Ausdruck.

Dieser Abschnitt behandelt nur vier Aspekte der PCRE-Optionen: Zeichentypen, Suchen nach oktalen Zeichen, Zeicheneigenschaften und PCRE-Optionen.

Zeichentypen

Auch wenn es hier eine gewisse Überlappung mit dem normalen *grep* gibt, bringt PCRE seine eigenen Escape-Zeichen mit, die sich beim Suchen robuster verhalten. Tabelle 4 enthält die Liste mit den Escape-Folgen, die unter PCRE zur Verfügung stehen.

Tabelle 4. PCRE-spezifische Escape-Folgen

\a	Passt zum "Alarm"-Zeichen (HEX 07)
\c *X*	Passt zu Strg-*X*, wobei *X* ein beliebiger Buchstabe ist
\e	Passt zum Escape-Zeichen (HEX 1B)
\f	Passt zum Formfeed-Zeichen (HEX 0C)
\n	Passt zum Newline-Zeichen (HEX 0A)
\r	Passt zum Carriage Return (HEX 0D)
\t	Passt zum Tab-Zeichen (HEX 09)
\d	Jede Dezimalziffer
\D	Jedes Zeichen, das keine Dezimalziffer ist
\s	Jedes Whitespace-Zeichen
\S	Jedes Zeichen, das kein Whitespace ist

\w	Jedes "Wort"-Zeichen
\W	Jedes "Nichtwort"-Zeichen
\b	Passt zu einer Wortgrenze
\B	Passt, wenn man nicht an einer Wortgrenze ist
\A	Passt am Anfang eines Objekts
\Z	Passt am Ende eines Objekts oder vor dem Zeilenende
\z	Passt am Ende eines Objekts
\G	Passt an der ersten passenden Position

Suchen nach oktalen Zeichen

Um nach oktalen Zeichen zu suchen, verwenden Sie das Meta-zeichen \, gefolgt von der oktalen Nummer des Metazeichens. Um zum Beispiel nach einem Leerzeichen zu suchen, verwenden Sie \40 oder \040. Allerdings ist dies einer der Bereiche, bei denen PCRE uneindeutig sein kann, wenn Sie nicht vorsichtig sind. Das Metazeichen \ kann auch für Rückverweise verwendet werden (eine Referenz auf ein Muster von PCRE).

So ist zum Beispiel \1 ein Rückverweis auf das erste Muster einer Liste, nicht das oktale Zeichen 1. Um nicht mehrdeutig zu sein, ist es am besten, das oktale Zeichen als dreistellige Zahl anzugeben. Im UTF-8-Modus ist 777 die größte erlaubte Zahl. Alle einstelligen Zahlen nach dem Backslash werden als Rück-verweis betrachtet, und wenn es mehr als *XX* Muster gibt, wird *XX* ebenfalls als Rückverweis betrachtet.

Zudem kann PCRE nach einem Zeichen im Hexformat oder nach einem String aus Zeichen im Hexformat suchen. \x0b sucht zum Beispiel nach dem Hexzeichen 0b. Um nach einem Hexstring zu suchen, verwenden Sie einfach \x{0b0b....}, wobei der String in den geschweiften Klammern steht.

Zeicheneigenschaften

Zusätzlich kommt PCRE mit einer Reihe von Funktionen, die nach Zeichen abhängig von ihrer Eigenschaft suchen. Dabei gibt es zwei Varianten: die Sprache und den Zeichentyp. Um sie zu verwenden, nutzen Sie die Sequenz \p oder \P. \p sucht nach dem Vorhandensein von einer gegebenen Eigenschaft, während \P jedes Zeichen findet, das diese Eigenschaft nicht besitzt.

Um nach Zeichen zu suchen, die zu einer bestimmten Sprache gehören, können Sie zum Beispiel \p{Greek} nutzen, um griechische Zeichen zu finden. \P{Greek} würde andererseits zu jedem Zeichen passen, das nicht Teil des griechischen Zeichensatzes ist. Eine vollständige Liste der verfügbaren Sprachen finden Sie auf der Manpage der entsprechenden *pcrepattern*-Implementierung auf Ihrem System.

Die anderen Eigenschaften beziehen sich auf die Attribute eines bestimmten Zeichens (Großbuchstabe, Satzzeichen usw.). Der Großbuchstabe bezieht sich auf die Hauptgruppe von Zeichen, während die kleinen Buchstaben eine Untergruppe angeben. Wenn nur ein Großbuchstabe mitgegeben wurde (zum Beispiel \p{L}), passen alle Untergruppen. Tabelle 5 enthält die vollständige Liste mit Eigenschaftscodes.

Tabelle 5. PCRE-Zeicheneigenschaften

C	Anderes	No	andere Ziffer
Cc	Control	P	Satzzeichen
Cf	Format	Pc	verbindende Satzzeichen
Cn	nicht zugewiesen	Pd	Bindestriche und Ähnliches
Co	private Verwendung	Pe	schließende Satzzeichen
Cs	Stellvertreter	Pf	abschließende Satzzeichen
L	Buchstaben	Pi	startende Satzzeichen
Ll	Kleinbuchstaben	Po	andere Satzzeichen
Lm	Modifikator	Ps	öffnende Satzzeichen
Lo	andere Buchstaben	S	Symbol
Lt	Titelbuchstaben	Sc	Währungssymbol
Lu	Großbuchstaben	Sk	Modifikatorsymbol
M	Marker	Sm	mathematisches Symbol

Mc	Abstandsmarker	So	anderes Symbol
Me	einschließender Marker	Z	Separator
Mn	Marker ohne Breite	Zl	Zeilentrenner
N	Ziffer	Zp	Absatztrenner
Nd	Dezimalzahl	Zs	Abstandstrenner
Nl	textuelle Zahlen		

Diese Eigenschaften ermöglichen Ihnen, robustere Muster mit weniger Zeichen zu erstellen, die auf einer großen Zahl von Eigenschaften basieren. Allerdings muss auf Folgendes hingewiesen werden: Wenn *pcre* per Hand kompiliert wird, muss die Konfigurationsoption `--enable-unicode-properties` verwendet werden, damit sich diese Eigenschaften auch nutzen lassen. Manche *libpcre*-Pakete (wie die von Fedora oder Debian) enthalten diese Option (insbesondere die für internationale Umgebungen), andere aber nicht. Um herauszufinden, ob die Eigenschaften in *pcre* nutzbar sind, geben Sie Folgendes (oder etwas Ähnliches) ein:

```
$ grep -P '\p{Cc}' /bin/ls
grep: support for \P, \p, and \X has not been compiled
```

Diese Fehlermeldung über die nicht mit einkompilierten Elemente hat mit *pcre* zu tun, nicht aber mit *grep*, was nicht unbedingt sofort klar wird. Die Lösung ist dann, entweder ein besseres Paket zu finden oder selbst mit den korrekten Optionen zu kompilieren.

PCRE-Optionen

Schließlich gibt es noch vier verschiedene Optionen, die das Verhalten von PCRE bei der Suche nach Text beeinflussen können: `PCRE_CASELESS` (`i`), `PCRE_MULTILINE` (`m`), `PCRE_DOTALL` (`s`) und `PCRE_EXTENDED` (`x`). `PCRE_CASELESS` lässt Muster unabhängig von der Groß- und Kleinschreibung passen. Standardmäßig behandelt PCRE eine Textzeile als eine Zeile, auch wenn mehrere \n-Zeichen vorhanden sind. `PCRE_MULTILINE` ermöglicht es, solche \n-Zeichen als Zeilenende anzusehen. Wenn dann $ oder ^ verwendet wird, werden die Zeilen auch in Abhängigkeit von \n begutachtet, nicht nur von den echten Zeilenumbrüchen im Suchstring.

PCRE_DOTALL sorgt dafür, dass PCRE beim Metazeichen . (Punkt) auch Newline-Zeichen akzeptiert, wenn es mit "Jokern" sucht. PCRE_EXTENDED dient dazu, Kommentare in komplizierte Suchstrings einzufügen (die innerhalb von nicht mit Escape versehenen #-Zeichen stehen).

Um diese Optionen zu aktivieren, fügen Sie das angegebene Optionszeichen innerhalb von Klammern ein, wobei vor dem Buchstaben noch ein Fragezeichen stehen muss. Um zum Beispiel ein Muster zu entwickeln, das unabhängig von Groß- und Kleinschreibung nach dem Wort "copyright" sucht, verwenden Sie das folgende Muster:

```
'(?i)copyright'
```

Innerhalb der Klammern können die Buchstaben beliebig kombiniert werden. Diese Optionen können so im Suchmuster stehen, dass sie nur für Teile des Suchstrings gültig sind: Fügen Sie sie einfach am Anfang des Stringteils ein, an dem die Option wirksam werden soll. Um eine Option wieder abzuschalten, fügen sie vor dem Buchstaben ein - (Bindestrich) ein, zum Beispiel so:

```
'Copy(?i)righ(?-i)t'
```

Damit würden "CopyRIGHt", "CopyrIgHt" und "Copyright" passen, nicht aber "COPYright" oder "CopyrighT".

```
'(?imsx)copy(?-sx)right'
```

Dieses Beispiel würde alle behandelten PCRE-Optionen setzen, aber nach Erreichen des Zeichens "r" würden PCRE_DOTALL und PCRE_EXTENDED abgeschaltet werden.

Wenn es so aussieht, als ob reguläre Ausdrücke im Perl-Stil kompliziert sind, liegt das daran, dass das auch der Fall ist. Es gibt noch viel mehr, was hier behandelt werden könnte, aber der Hauptvorteil von PCRE ist seine Flexibilität und Mächtigkeit, die weit über das hinausgeht, was reguläre Ausdrücke leisten können. Der Nachteil sind die hohe Komplexität und häufiger entstehende Mehrdeutigkeiten.

Einführung in für grep relevanten Umgebungsvariablen

In einigen Beispielen haben wir uns mit dem Konzept von Umgebungsvariablen und ihrem Einfluss auf *grep* auseinandergesetzt. Umgebungsvariablen ermöglichen Ihnen, die Standardoptionen und das Verhalten von *grep* festzulegen, indem die Umgebungseinstellung der Shell genutzt und Ihr Leben damit vereinfacht wird. Rufen Sie den *env*-Befehl in einem Terminalfenster auf, um alle aktuellen Parameter zu erhalten. Es folgt ein Beispiel dafür, wie das Ergebnis aussehen könnte:

```
$ env
USER=user
LOGNAME=user
HOME=/home/user
PATH=/usr/local/sbin:/usr/local/bin:/usr
/sbin:/usr/bin:/sbin:/bin:/usr/X11R6/bin:.
SHELL=/usr/local/bin/tcsh
OSTYPE=linux
LS_COLORS=no=0:fi=0:di=36:ln=33:ex=32
:bd=0:cd=0:pi=0:so=0:do=0:or=31
VISUAL=vi
EDITOR=vi
MANPATH=/usr/local/man:/usr/man:/usr
/share/man:/usr/X11R6/man
...
```

Indem Sie die Datei *.profile* in Ihrem Home-Verzeichnis bearbeiten, können Sie diese Variablen dauerhaft ändern. Gehen wir zum Beispiel von der obigen Ausgabe aus, könnten Sie sich entscheiden, Ihren EDITOR von vi auf vim zu ändern. Geben Sie in *.profile* Folgendes ein:

```
setenv EDITOR vim
```

So wird dauerhaft sichergestellt, dass *vim* der Standardeditor für jede Session ist, die dieses *.profile* verwendet. Die vorigen Beispiele haben ein paar eingebaute Variablen genutzt, aber wenn Sie selbst etwas vorhaben, gibt es keine Einschränkungen bezüglich der nutzbaren Variablen.

grep ist ein mächtiges Tool, weil es dem Benutzer so viele Optionen bietet. Variablen sind da nicht anders. Es gibt viele spezifische Optionen, die wir später noch im Detail beschreiben. Aber es sollte darauf hingewiesen werden, dass *grep* auf das C-Locale zurückfällt, wenn die Variablen `LC_foo`, `LC_ALL` oder `LANG` nicht gesetzt sind, der lokale Katalog nicht installiert ist oder der National Language Support (NLS) nicht kompiliert ist.

Zunächst einmal ist ein "Locale" die Konvention, die genutzt wird, um in einer bestimmten Sprache zu kommunizieren. Wenn Sie zum Beispiel die Vairable `LANG` auf Englisch setzen, verwenden Sie die Konventionen, die mit der englischen Sprache für die Interaktion mit dem System verbunden sind. Wenn der Computer hochfährt, setzt er die entsprechenden Werte auf die, die im Kernel abgelegt sind, aber diese Einstellungen lassen sich ändern.

`LC_ALL` ist keine echte Variable, sondern ein Makro, dass Ihnen erlaubt, die "Locale" für alle Zwecke zu setzen. `LC_foo` ist eine Locale-spezifische Einstellung für eine Reihe von Zeichensätzen, wobei *foo* beispielsweise ersetzt wird durch `ALL`, `COLLATE`, `CTYPE`, `MONETARY` oder `TIME`, um nur ein paar aufzuführen. Diese werden dann gesetzt, um die verschiedenen Sprachkonventionen für die Umgebung einzustellen, aber es ist möglich, die eine Form von Sprachkonventionen für Geldbeträge und eine andere für Uhrzeiten zu verwenden.

Was hat *grep* jetzt damit zu tun? Es hängen zum Beispiel viele der POSIX-Zeichenklassen davon ab, welches Locale genutzt wird. PCRE greift ebenfalls stark auf die Locale-Einstellungen zurück, insbesondere für die verwendeten Zeichenklassen. Da *grep* dafür gedacht ist, nach Text in Textdateien zu suchen, ist die Art der Sprachverarbeitung auf einem Rechner durchaus von Bedeutung.

Für die meisten Anwender reicht es aus, die Locale-Einstellungen bei den Standardwerten zu belassen. Anwender, die in

anderen Sprachen suchen oder mit einer anderen Sprachein-
stellung als der der Systemumgebung arbeiten wollen, können
aber Änderungen vornehmen.

Nachdem wir uns nun mit dem Konzept von Locales vertraut
gemacht haben, wollen wir die für *grep* relevanten Umgebungsvariablen beschreiben:

GREP_OPTIONS

Diese Variable überschreibt die "einkompilierten" Standardoptionen für *grep*. Sie werden so interpretiert, als ob
sie direkt an der Befehlszeile eingegeben worden wären.
Stellen Sie sich zum Beispiel vor, dass Sie eine Variable für
die Option `--binary-files` erstellen und sie auf `text` setzen wollen. Damit wird `--binary-files` automatisch zu
`--binary-files=text`, ohne dass man es hinschreiben
muss. Allerdings kann `--binary-files` immer noch durch
einen eigenen Wert überschrieben werden (zum Beispiel
`--binary-files=without-match`).

Diese Option ist insbesondere für das Schreiben von
Skripten nützlich, bei der eine Reihe von "Standardoptionen" einmal in den Umgebungsvariablen angegeben
werden kann und dann nie mehr aufgeführt werden muss.
Allerdings gibt es eine Falle: Jede Option, die über die
GREP_OPTIONS gesetzt wird, wird so verarbeitet, als wäre sie
an der Befehlszeile eingegeben worden. Das bedeutet,
dass die "echten" Befehlszeilenoptionen die aus der
Umgebungsvariable nicht überschreiben und in einem
Konfliktfall zu einem Fehler von *grep* führen, zum Beispiel
so:

```
$ export GREP_OPTIONS=-E
$ grep -G '(red)' test
grep: conflicting matchers specified
```

Man muss also schon sorgfältig und überlegt vorgehen,
wenn man Optionen in diese Umgebungsvariable
schreibt, und es ist am besten, nur diejenigen Optionen
dort einzutragen, die immer verwendet werden sollen

(zum Beispiel wie mit Binärdateien oder Devices umzugehen ist, ob Farben zu verwenden sind usw.).

GREP_COLORS *(oder* GREP_COLOR *für ältere Versionen)*

Diese Variable legt die Farbe fest, die für das Hervorheben der passenden Muster genutzt werden soll. Sie wird über die Option --color[=*WHEN*] aufgerufen, wobei *WHEN* die Werte never, auto oder always haben kann. Bei der Einstellung sollte es sich um eine Kombination aus zwei Zahlen aus der Liste in Tabelle 6 handeln, die zur entsprechenden Farbe gehören.

Tabelle 6. Liste mit Farboptionen

Farbe	Farbcode
Schwarz	0;30
Dunkelgrau	1;30
Blau	0;34
Hellblau	1;34
Grün	0;32
Hellgrün	1;32
Cyan	0;36
Helles Cyan	1;36
Rot	0;31
Hellrot	1;31
Lila	0;35
Helllila	1;35
Braun	0;33
Gelb	1;33
Hellgrau	0;37
Weiß	1;37

Die Farben müssen nach einer bestimmten Syntax festgelegt werden, weil es beim Hervorheben nicht nur um die gefundenen Wörter, sondern auch noch um andere Felder geht. Die Standardeinstellungen sehen so aus:

```
GREP_COLORS='ms=01;31:mc=01;31:sl=:
cx=:fn=35:ln=32:bn=32:se=36'
```

Wenn die gewünschte Farbe mit 0 beginnt (wie bei 0;30, dem Wert für schwarz), kann die 0 weggelassen werden, um die Einstellung zu verkürzen. Wenn Einstellungen leer gelassen werden, wird die Standardterminalfarbe von normalem Text verwendet. ms steht für "Matching String" (zum Beispiel das Muster, das Sie eingeben), mc für "Matching Context" (also Zeilen, die mit der Option -C angezeigt werden), sl für die Farbe der "Selected Lines" (also der ausgewählten Zeilen), cx ist die Farbe für den "Selected Context" (den ausgewählten Kontext), fn ist die Farbe für den "File Name" (Dateinamen, wenn er angezeigt wird), ln für die "Line Numers" (Zeilennummer, wenn angezeigt), bn für "Byte Numbers" (Byte-Werte, wenn angezeigt), und se steht für "Separator Color", also die Farbe des Seperators.

LC_ALL, LC_COLLATE, LANG

Diese Variablen müssen in dieser Reihenfolge angegeben werden und bestimmen letztendlich die Sortierreihenfolge oder die korrekte Reihenfolge bei Bereichen. Das könnte zum Beispiel die richtige Abfolge der Buchstaben in einem Alphabet sein.

LC_ALL, LC_CTYPE, LANG

Diese Variablen bestimmen LC_CTYPE oder den Typ der Zeichen, die von *grep* verwendet werden. So wird auf diese Art und Weise zum Beispiel festgelegt, welche Zeichen Whitespace sind, welche ein Form Feed, und so weiter.

LC_ALL, LC_MESSAGES, LANG

Diese Variablen legen das MESSAGES-Locale fest und die Sprache, die *grep* für seine Mitteilungen verwendet. Das ist das prominenteste Beispiel, an dem man feststellen kann, dass *grep* im Zweifel auf das Standard-Locale C zurückfällt, was amerikanischem Englisch entspricht.

`POSIXLY_CORRECT`

Wenn diese Variable gesetzt wird, folgt *grep* den POSIX. 2-Anforderungen, die festlegen, dass alle Optionen, die auf Dateinamen folgen, selbst als Dateinamen zu behandeln sind. Ansonsten würden diese Optionen so verarbeitet, als ob sie vor den Dateinamen stehen und damit Optionen wären. So würde `grep -E string filename -C 3` zum Beispiel "-C 3" als Dateinamen und nicht als Option interpretieren. Zusätzlich legt POSIX.2 fest, dass alle unerkannten Optionen als "illegal" gekennzeichnet werden – standardmäßig werden sie unter GNU *grep* als "ungültig" betrachtet.

Verwenden der grep-Typen und Performanceüberlegungen

Nachdem wir nun alle vier *grep*-Programme behandelt haben, stellt sich die Frage, wann Sie welche Version für eine Aufgabe nehmen sollten. Für die meisten Routinearbeiten verwendet man im Allgemeinen den Standard-*grep*-Befehl (*grep -G*), weil Performance beim Durchsuchen kleiner Dateien kein Thema und komplexe Muster nicht notwendig sind. Normalerweise ist das Basis-*grep* der Standard für die meisten Leute, daher sollte erklärt werden, wann man besser etwas anderes nutzt.

Wann man grep -E nutzt

Auch wenn mit *grep -G* so gut wie alles erreicht werden kann, was sich mit *grep -E* erreichen lässt, hat Letzteres den Vorteil, dass die Aufgabe mit weniger langen Suchmustern und ohne das oben besprochene unintuitive Escaping erreicht werden kann. Die gesamte zusätzliche Funktionalität in den erweiterten regulären Ausdrücken hat mit Quantifikatoren oder Untermustern zu tun. Zudem sind erweiterte reguläre Ausdrücke ideal, wenn eine größere Zahl von Rückverweisen benötigt wird.

Wann man grep -F nutzt

Es gibt eine Voraussetzung für die Verwendung von *grep -F*: Suchmuster dürfen keine Metazeichen, Escapes, Joker oder Alternationen enthalten. Werden diese benötigt, kann man *grep -F* schlicht nicht nutzen. Seine Performance ist besser, geht aber auf Kosten der Funktionalität.

Das vorausgeschickt, ist *grep -F* extrem nützlich, um große Datenmengen schnell nach wohldefinierten Strings zu durchsuchen, womit es prädestiniert für das Analysieren umfangreicher Logdateien ist. Tatsächlich ist es ziemlich einfach, ein robustes Skript zum Überwachen von Logdateien mit *grep -F* und einer guten Textdatei mit wichtigen Wörtern oder Phrasen zu schreiben, um Logdateien zu analysieren.

Eine andere gute Verwendung von *grep -F* ist das Suchen in Maillogs und Mailordnern, um die Verteilung von E-Mails an die Benutzer sicherzustellen, insbesondere auf Systemen mit vielen Mailkonten. Das erreicht man, wenn jede E-Mail eine eindeutige Message-ID besitzt. Der Befehl

```
grep -FHr MESSAGE-ID /var/mail
```

sucht nach dem festen String `MESSAGE-ID` in allen Dateien in */var/mail* (und rekursiv in den Unterverzeichnissen) und gibt dann die Übereinstimmung und den Dateinamen aus. Das ist ein schneller und skrupelloser Weg, um herauszufinden, welche Benutzer eine bestimmte Mail in ihrer Mailbox haben. Der Vorteil dabei ist, dass diese Information überprüft werden kann, ohne sich überhaupt die Mailbox eines Benutzers genauer ansehen und damit seine Privatsphäre verletzen zu müssen. In der Wirklichkeit werden Sie Mailboxverzeichnisse und Spamordner durchsuchen wollen, die sich meist nicht unter */var/mail* befinden, aber Sie haben verstanden, wie es funktioniert.

Wann man grep -P nutzt

Reguläre Ausdrücke im Perl-Stil sind zweifellos die mächtigsten regulären Ausdrücke, die in diesem Buch vorgestellt werden. Aber sie sind auch die kompliziertesten, die zu Anwenderfehlern geradezu einladen und die Performance eines Systems ruck, zuck in den Keller ziehen, wenn sie nicht korrekt genutzt werden. Andererseits bieten sie eben von allen Formaten, die in diesem Buch verwendet werden, die meisten Möglichkeiten.

Aus diesem Grund bevorzugen viele Anwendungen, PCRE statt der normalen GNU-Regexps zu verwenden. So benutzt zum Beispiel das verbreitete Intrusion Detection System snort PCRE, um böse Pakete im Netz zu finden. Die Muster sind mit Köpfchen entwickelt, so dass nur wenige Pakete verloren gehen, selbst wenn ein einzelner Rechner alle Pakete durchsucht, die über eine 100-MByte- oder -GByte-Schnittstelle gehen. Wie schon gesagt – das Schreiben eines guten regulären Ausdrucks ist wichtiger als das jeweilige Format, das Sie dabei nutzen.

Manche Leute bevorzugen es, *grep -P* als Standard zu verwenden (zum Beispiel, indem sie -P in der Umgebungsvariablen `GREP_OPTIONS` definieren). Wenn die Suche "international" durchgeführt werden soll, lässt sie sich durch die PCRE-Sprachzeichenklassen deutlich vereinfachen. PCRE bringt einige Zeichenklassen mehr mit, um einen regulären Ausdruck im Detail zu tunen – weit über das hinausgehend, was zum Beispiel mit den POSIX-Definitionen möglich ist. Wichtiger ist aber noch die Fähigkeit, die verschiedenen PCRE-Optionen (zum Beispiel `PCRE_MULTILINE`) nutzen zu können, wodurch mächtigere reguläre Ausdrücke entstehen als mit GNU.

Für einfache bis halbwegs komplexe reguläre Ausdrücke reicht *grep -E* aus. Aber es gibt Grenzen, und um die zu überschreiten, muss man sich in Richtung PCRE bewegen. Es ist ein Mittelweg zwischen Komplexität und Funktionalität. PCRE hilft den Anwender zudem dabei, reguläre Ausdrücke zu erstellen, die fast ohne Änderungen in Perl-Skripten übernommen werden können (oder sich von dort übernehmen lassen).

Performanceauswirkungen

Für die meisten RoutineAnwendungen ist die Performance von *grep* kein Thema. Selbst megabytegroße Dateien lassen sich schnell durchsuchen – egal, welches *grep*-Programm man nun nutzt. Natürlich dauert die Suche desto länger, je größer die Datei ist. Das Durchsuchen von Gigabytes oder Terabytes von Daten bei möglichst guter Performance ist das Anwendungsgebiet von *grep -F*, aber nur dann, wenn sich das Suchmuster ohne Metazeichen oder Rückverweise realisieren lässt. Das ist nicht immer möglich.

Je mehr "Auswahlmöglichkeiten" *grep* ermöglicht werden, desto länger dauert eine bestimmte Suche. Verwenden Sie zum Beispiel viele Alternativen, muss *grep* die Zeilen mehrfach durchsuchen statt nur einmal. Das kann bei einem gegebenen Suchmuster notwendig sein, aber manchmal lassen sich Alternationen als Zeichenklasse umschreiben, zum Beispiel so:

```
grep -E '(0|2|4|6|8)' filename
grep -E '[02468]' filename
```

Vergleicht man die beiden Beispiele, lässt sich das zweite schneller ausführen, weil keine Alternation genutzt wird und die Zeile nicht mehrfach durchsucht werden muss. Vermeiden Sie Alternationen, wenn es andere Möglichkeiten gibt, das gleiche Ergebnis zu erreichen.

Die Performance von *grep* geht dann am meisten in die Knie, wenn Rückverweise genutzt werden. Die Zeit, die *grep* zum Ausführen eines Befehls braucht, wächst bei der Verwendung von Rückverweisen exponentiell an. Rückverweise können im Endeffekt praktische Aliase für vorhergehende Untermuster sein, aber die Performance ist dabei durchaus ein Thema. Sie sollten nicht verwendet werden, wenn es um umfangreiche Datenmengen geht und wenn Untermuster aus diesem Grund keine Alternationen verwenden. Im nächsten Abschnitt finden Sie mehr Informationen zu Rückverweisen.

Abschließend sei gesagt, dass es zwischen *grep -G*, *grep -E* und *grep -P* keine großen Performanceunterschiede gibt, es hängt vor allem davon ab, wie der reguläre Ausdruck selbst aufgebaut ist. Somit stellt *grep -P* die meisten Möglichkeiten bereit, die Performance zu verringern, aber auch die größte Flexibilität beim Erstellen von regulären Ausdrücken.

Fortgeschrittene Tipps und Tricks mit grep

Wie schon erwähnt, kann *grep* auf sehr geschickte Weise eingesetzt werden, um nach Inhalten in Dateien oder in einem ganzen Dateisystem zu suchen. Es ist möglich, schon gefundene Treffer zu verwenden, um nach weiter hinten liegenden Strings zu suchen (sogenannte Rückverweise oder Backreferences). Es gibt auch eine ganze Reihe von Tricks, um nach nicht zu veröffentlichenden persönlichen Informationen zu suchen, und sogar um Binärstrings in Binärdateien zu finden. Die folgenden Abschnitte stellen einige der fortgeschritteneren Tricks vor.

Rückverweise

Das Programm *grep* hat die Möglichkeit, basierend auf verschiedenen vorherigen Bedinungen nach Strings zu suchen. Wenn Sie zum Beispiel alle Zeilen finden wollen, die eine bestimmte Gruppe von Wörtern wiederholt enthalten, würde ein einfaches *grep*-Muster nicht funktionieren, aber es ist möglich, dafür Rückverweise einzusetzen.

Stellen Sie sich vor, Sie wollen alle Zeilen finden, in denen die Wörter "red", "blue" oder "green" mehrfach vorkommen. Schauen Sie sich die folgende Textdatei an:

```
The red dog fetches the green ball.
The green dog fetches the blue ball.
The blue dog fetches the blue ball.
```

Nur in der dritten Zeile wird dieselbe Farbe wiederholt. Ein regulärer Ausdruck wie `''(red|green|blue)*(red|green|`

`blue)''` würde alle drei Zeilen zurückgeben. Um dieses Problem zu umgehen, können Sie Rückverweise nutzen:

```
grep -E '(red|green|blue).*\1' filename
```

Bei dieser Anweisung wird nur die dritte Zeile gefunden, so wie es auch gewünscht war. Bei erweiterten regulären Ausdrücken kann nur eine einzelne Ziffer zur Angabe eines Rückverweises verwendet werden (Sie können sich also höchstens auf zum Beispiel den neunten Rückverweis beziehen). Bei regulären Ausdrücken im Perl-Stil können Sie theoretisch mehr einsetzen (mindestens zweistellig).

Das lässt sich verwenden, um XML-Syntax zu validieren (also herauszufinden, ob die öffnenden und schließenden Tags identisch sind), HTML-Code zu untersuchen (also alle Zeilen mit den verschiedenen öffnenden und schließenden "Überschriften"-Tags wie `<h1>`, `<h2>` usw. zu vergleichen), oder sogar, um einen Text nach unnützen Wiederholungen von Buzzwords zu durchstöbern.

Es ist wichtig, darauf hinzuweisen, dass Rückverweise die Klammern benötigen, um Verweisnummern zu bestimmen. *grep* liest das Suchmuster von links nach rechts ein und nummeriert das erste gefundene Untermuster in Klammern mit der 1.

Meist werden Rückverweise verwendet, wenn ein Untermuster Alternationen enthält, so wie im vorigen Beispiel. Es ist aber nicht notwendig, dass ein Untermuster tatsächlich Alternationen enthält. Stellen Sie sich zum Beispiel vor, das Sie ein großes Untermuster haben, auf das Sie sich später noch beziehen möchten. Dann könnten Sie einen Rückverweis als "Alias" für dieses Untermuster nutzen, ohne das gesamte Muster mehrfach eingeben zu müssen, zum Beispiel so:

```
grep -E '(I am the very model of a
modern major general.).*\1' filename
```

Damit würde nach Wiederholungen des Satzes "I am the very model of a modern major general." gesucht werden, die durch beliebigen anderen Inhalt getrennt sind. Damit spart man sich natürlich einige Tipparbeit, und der reguläre Ausdruck lässt sich besser handhaben, allerdings muss man auf die Performance achtgeben, wie schon weiter oben erwähnt wurde. Der Anwender muss Bequemlichkeit und Performance gegeneinander abwägen – abhängig davon, was er erreichen will.

Suchen in Binärdateien

Bisher schien es so, als ob man *grep* nur zum Durchsuchen von Textdateien nach Textstrings nutzen könnte. Dafür wird es auch meistens verwendet, aber *grep* kann auch in Binärdateien nach Strings suchen.

Man muss darauf hinweisen, dass "Text"-Dateien auf Computern vor allem aus Gründen der Lesbarkeit für Menschen existieren. Computer reden nur in Binär- und Maschinencode. Der gesamte ASCII-Zeichensatz besteht aus 255 Zeichen, von denen nur etwa 60 für Menschen lesbar sind. Allerdings enthalten auch viele Computerprogramme Textstrings, zum Beispiel von "help"-Bildschirmen, Dateinamen, Fehlermeldungen und dem, was sie vom Benutzer an Eingaben erwarten.

Der Befehl *grep* unterscheidet nicht groß zwischen dem Suchen in Text- und in Binärdateien. Solange sie ihm Muster vorgeben (sogar Binärmuster), wird er fröhlich jede Datei durchsuchen, die Sie ihm vorlegen. *grep* führt nur eine erste Prüfung durch, um zu sehen, ob die Datei binär ist, und dementsprechend die Ausgabe der Ergebnisse anzupassen (sofern Sie ihm nicht ein anderes Verhalten vorgeben):

```
bash$ grep help /bin/ls
Binary file /bin/ls matches
```

Dieser Befehl sucht nach dem String "help" in der Binärdatei *ls*. Anstatt die Zeile auszugeben, in der der gefundene Text steht, weist er nur darauf hin, dass es einen Treffer gab. Der Grund dafür ist, dass Computerprogramme Binärdateien und deshalb für Menschen nicht lesbar sind. In Binärdateien gibt es keine Zeilenumbrüche, da sie den Code verändern würden – sie dienen nur zur besseren Lesbarkeit. Daher teilt Ihnen *grep* nur mit, dass es einen Treffer gab. Um einen groben Überblick darüber zu erhalten, was für Text sich in einer Binärdatei befindet, können Sie den Befehl *strings* nutzen. So würde zum Beispiel `strings /bin/ls` alle Textstrings im Befehl *ls* auflisten.

Es gibt noch eine weitere Möglichkeit, Binärdateien zu durchsuchen, die zudem genau dafür gedacht ist. Dabei müssen Sie auf ein paar Tricks zurückgreifen, da Sie mit einer normalen Tastatur keine Binärdaten direkt eingeben können. Stattdessen benötigen Sie eine spezielle Form des regulären Ausdrucks, um das hexadezimale Äquivalent der von Ihnen gesuchten Daten einzutippen. Wenn Sie zum Beispiel eine Binärdatei nach den hexadezimalen Werten ABAA durchsuchen wollen, können Sie den folgenden Befehl eingeben:

```
bash$ grep '[\xabaa]' test.hex
Binary file test.hex matches
```

Im Allgemeinen geben Sie \x und dann den hexadezimalen String ein, den Sie finden wollen. Es gibt dabei keine Längenbeschränkung. Diese Art von Suche kann bei der Analyse von Malware hilfreich sein. So kann zum Beispiel das Metasploit Framework (*http://www.metasploit.org*) binäre Payloads erzeugen, um entfernte Rechner zu infizieren. Diese Payload könnte genutzt werden, um eine Remote-Shell zu erzeugen, Benutzerkonten hinzuzufügen oder andere schlimme Dinge zu tun.

Mit der hexadezimalen Suche ist es möglich, mithilfe von Binärstrings herauszufinden, welcher der Metasploit-Payloads in einem Angriff verwendet wurde. Und wenn Sie einen eindeutigen hexadezimalen String aus einem Virus bestimmen konnten, ist es sogar möglich, einen einfachen Virenscanner mit *grep* zu bauen. Tatsächlich haben viele ältere Virenscanner mehr oder weniger genau das getan – nach eindeutigen Binärstrings aus einer Liste bekannter bösartiger hexadezimaler Signaturen in Dateien gesucht.

Viele Pufferüberläufe oder Exploit-Payloads sind in C geschrieben, und in C ist es üblich, jede hexadezimale Zahl mit dem Escape \x zu schreiben. Schauen Sie sich zum Beispiel die folgende Exploit-Payload für einen Pufferüberlauf an:

```
"\xeb\x17\x5e\x89\x76\x08\x31\xc0\x88\x46
\x07\x89\x46\x0c\xb0\x0b\x89\xf3\x8d\x4e
\x08\x31\xd2\xcd\x80\xe8\xe4\xff\xff\xff
\x2f\x62\x69\x6e\x2f\x73\x68\x58";
```

Es wäre vorteilhafter, den regulären Ausdruck genauso zu schreiben, als den ganzen hexadezimalen String am Stück zu tippen, denn dann können Sie ihn direkt aus dem Exploit-Code kopieren. Beide Methoden sind möglich, und es ist allein Ihre Entscheidung, welche Sie lieber nehmen wollen. Der gerade gezeigte Exploit funktioniert für Red Hat 5 oder 6 (nicht für Enterprise Red Hat), daher ist dieser spezielle Code nutzlos, aber es ist nicht schwer, neueren Exploit-Code zu finden.

Interessant ist, dass diese Methode nicht funktioniert, wenn man Dateien durchsucht, die als Textdateien erkannt werden. Wenn Sie zum Beispiel versuchten, mit dem hexadezimalen Äquivalent des ASCII-Codes eines Textes in einer Textdatei zu suchen, würde *grep* den Inhalt nicht finden. Die Suche nach hexadezimalen Strings klappt nur bei Dateien, die *grep* als Binärdateien erkennt.

Nützliche Rezepte

Im Folgenden erhalten Sie eine Reihe von nützlichen *grep*-Rezepten, um bestimmte Inhalte zu finden. Da Perl-basierte reguläre Ausdrücke nicht überall verfügbar sind, wird diese Liste nur die erweiterten regulären Ausdrücke von *grep* nutzen, auch wenn Perl in vielen Fällen einfacher und schneller wäre.

Es wäre nicht unbedingt sinnvoll, diese Befehle an der Befehlszeile einzugeben und die Standardausgabe am Bildschirm anzuzeigen, wenn es eigentlich darum geht, vertrauliche Informationen auf einer Partition zu finden. Besser ist es, die Optionen -l und -r zu nutzen, um rekursiv durch ein ganzes Dateisystem zu laufen und statt der gefundenen Zeilen die Dateinamen anzuzeigen, in denen es Treffer gab.

Bei vielen Rezepten ist es sinnvoll, \b vor und nach dem String einzufügen. Damit ist sichergestellt, dass der Inhalt Whitespace vor und nach dem Treffer besitzt und vermieden wird, dass Sie bei der Suche nach einer neunstelligen Zahl, die eine Sozialversicherungsnummer zu sein scheint, fälschlicherweise einen Treffer in einer 29-stelligen Zahl erhalten.

Schließlich können diese Muster (und auch andere sinnvolle Muster) in eine Datei gesteckt und als Eingabeliste für *grep* genutzt werden, so dass nach allen möglichen Mustern gleichzeitig gesucht wird.

IP-Adressen

```
$ grep -E '\b[0-9]{1,3}(\.[0-9]{1,3}){3}
\b' patterns

123.24.45.67
312.543.121.1
```

Dieses Muster hilft Ihnen dabei, IP-Adressen in einer Datei zu finden. Es sei darauf hingewiesen, dass man statt [0-9] auch [:digit:] nehmen könnte, um eine bessere Lesbarkeit zu erhalten. Allerdings bevorzugen es die meisten Anwender, weniger zu tippen, anstatt ein Muster besser lesen zu können, wenn sie die Wahl haben. Mit diesem Muster werden auch Strings gefunden, die keine gültigen IP-Adressen sind, wie zum Beispiel der zweite Eintrag in der Beispielliste. Reguläre Ausdrücke arbeiten mit einzelnen Zeichen, und es gibt keinen sauberen Weg, *grep* mitzuteilen, nur nach den Werten 1–255 zu suchen. In diesem Fall mag es falsche Treffer geben. Eine kompliziertere Form, die sicherstellt, dass keine falschen Treffer gefunden werden, könnte so aussehen:

```
$ grep -E '\b((25[0-5]|2[0-4][0-9]|[01]?
[0-9][0-9]?)\.){3}(25[0-5]|2[0-4][0-9]|
[01]?[0-9][0-9]?)\b' patterns
```

In diesem Fall wird sichergestellt, dass IP-Adressen mit einem Oktett zwischen 0 und 255 gefunden werden, indem eine Kombination aus Mustern verwendet wird. So werden garantiert nur IP-Adressen gefunden, aber das Muster ist komplizierter und die Performance schlechter.

MAC-Adressen

```
$ grep -Ei '\b[0-9a-f]{2}
(:[0-9a-f]{2}){5}\b' patterns

ab:14:ed:41:aa:00
```

In diesem Fall wird die Option -i genutzt, so dass Groß- und Kleinschreibung ignoriert werden. Wie beim IP-Rezept könnte man hier [:xdigit:] statt der Zeichenklasse [0-9a-f] nutzen, wenn man Wert auf bessere Lesbarkeit legt.

E-Mail-Adressen

```
$ grep -Ei '\b[a-z0-9]{1,}@*\.
(com|net|org|uk|mil|gov|edu)\b' patterns

test@some.com
test@some.edu
test@some.co.uk
```

Die hier gezeigte Liste ist nur eine Untermenge von Top-Level-Domains, die bei uns funktionieren. Wenn zum Beispiel jemand nur nach US-Adressen suchen will, hat der *.uk*-Eintrag keinen Sinn. Vielleicht ist ja das Ziel, offensichtliche Spammer in Maillogs zu finden; dann würde es sich anbieten, nach der Top-Level-Domain *.info* zu suchen (wir haben noch niemanden getroffen, der von solchen Domains eine erwünschte E-Mail erhalten hat). Dieses Muster sollte nur als Ausgangspunkt für eigene Anpassungen dienen.

Telefonnummern in den USA

```
$ grep -E '\b(\(|)[0-9]{3}
(\)|-|\)-|)[0-9]{3}(-|)[0-9]{4}\b'
 patterns

(312)-555-1212
(312) 555-1212
312-555-1212
3125551212
```

In diesem Fall ist das Muster ein bisschen komplexer, weil die US-Telefonnummern sehr unterschiedlich aussehen können. Es können Leerzeichen, Striche, Klammern oder auch nichts außer den Zahlen enthalten sein. Beachten Sie, wie die Klammern das Vorhandensein verschiedener Zeichen – einschließlich keines Zeichens – aufführen.

Sozialversicherungsnummern in den USA

```
$ grep -E '\b[0-9]{3}( |-|)
[0-9]{2}( |-|)[0-9]{4}\b' patterns

333333333
333 33 3333
333-33-3333
```

Sozialversicherungsnummern sind in den USA der Schlüssel zur Identität einer Person, daher wird ihre Verwendung zunehmend eingeschränkt. Viele Organisationen durchsuchen mittlerweile mithilfe von Tools wie Spider aktiv alle Dateien eines Systems, um Sozialversicherungsnummern zu finden. Dieses Tool ist im Prinzip nicht mehr als eine Liste dieser *grep*-Rezepte. Das Muster ist allerdings deutlich einfacher als das für die Telefonnummern.

Kreditkartennummern

Bei den meisten Kreditkartennummern hilft dieser Ausdruck:

```
$ grep -E '\b[0-9]{4}(( |-|)
[0-9]{4}){3}\b' patterns

1234 5678 9012 3456
1234567890123456
1234-5678-9012-3456
```

Kartennummern von American Express findet man über diesen Ausdruck:

```
$ grep -E '\b[0-9]{4}( |-|)
[0-9]{6}( |-|)[0-9]{5}\b' patterns

1234-567890-12345
123456789012345
1234 567890 12345
```

Es gibt hier zwei Versionen, weil American Express ein anderes Muster verwendet als die anderen Kartenfirmen. Aber die grundlegende Idee bleibt gleich: die Suche nach Zifferngruppen, die zum allgemeinen Muster einer Kreditkarte passen.

Copyrightgeschütztes oder vertrauliches Material

Viele Firmen und Organisationen nutzen für interne Daten Klassifikationen, anhand derer es einfach ist zu bestimmen, ob jemand berechtigt ist, sie zu lesen. Es ist zu hoffen, dass diese Klassifikationen mit entsprechendem Text versehen sind, der in den entsprechenden Dokumenten angezeigt werden muss. Diese Strings können einfach in ein Suchmuster für *grep* (oder *fgrep*) gesteckt werden, um schnell herauszufinden, wo sich zu schützende Informationen auf einer Festplatte verstecken können, insbesondere auf Rechnern, auf denen diese Informationen nichts zu suchen haben.

Die meisten Dateiformate sind bei Texten keine reinen ASCII-Dateien, aber normalerweise lässt der Text in einer Datei sich trotzdem leicht finden. So können Sie zum Beispiel *grep* nutzen, um nach dem Vorhandensein von bestimmten Strings in Word-Dateien zu suchen, auch wenn sich diese Dateien nicht einfach in einem Terminalfenster anzeigen lassen.

Wenn Ihre Firma zum Beispiel das Tag "ACME Corp.—Proprietary and Confidential" nutzt, könnten Sie mit dem folgenden Befehl Dateien suchen, die diesen Inhalt haben:

```
fgrep -l 'ACME Corp. -
Proprietary and Confidential' patterns
```

Durchsuchen sehr vieler Dateien

Wie viele andere Shell-Befehle verarbeitet der Befehl *grep* eine große Anzahl von Dateien mit einem Aufruf. So durchsucht zum Beispiel *grep sometext* * jede Datei im aktuellen Verzeichnis nach "sometext". Allerdings gibt es eine Höchstmenge von Dateien, die mit einem einzelnen Aufruf verarbeitet werden können. Wenn Sie *grep* auffordern, zu viele Dateien auf einmal zu verarbeiten, erhalten Sie eine Fehlermeldung "Too Many Files" oder einen ähnlichen Text (je nach Ihrer Shell).

Ein Tool namens *xargs* kann diese Begrenzung aufheben. Beim Aufruf muss man allerdings etwas Umsicht walten lassen. Um zum Beispiel jede Datei in einem System nach "ABCDEFGH" zu durchsuchen, würden Sie den folgenden Befehl nutzen:

```
find / -print | xargs grep 'ABCDEFGH'
```

Damit wird jede Datei auf einem Rechner nach dem String "ABCDEFGH" durchsucht, aber man stolpert nicht über die typischen Fehlermeldungen, die auftreten, wenn zu viele Dateien geöffnet wurden. Meist ist diese Grenze durch den Kernel vorgegeben, der nur eine gewisse Zahl von Memory-Seiten für Befehlszeilenargumente erlaubt. Bevor Sie aber den Kernel neu kompilieren, um ihm einen größeren Wert mitzugeben, verwenden Sie lieber *xargs*.

Strings über mehrere Zeilen hinweg finden

Am Anfang dieses Buches haben wir gesagt, dass *grep* keine Strings finden kann, wenn sie über mehrere Zeilen gehen, aber das ist nicht die ganze Wahrheit. Auch wenn die meisten Versionen von *grep* beim Verarbeiten mehrerer Zeilen nicht so umgänglich sind, lassen sich die Probleme mit *grep -P* im Multizeilenmodus umgehen. Schauen Sie sich zum Beispiel die folgende Datei an:

```
red
dog
```

Normale *grep*-Tricks funktionieren nicht, selbst die Angabe des Newline-Zeichens hilft nicht, wenn Sie nach einer Zeile mit "red" und einer folgenden mit "dog" suchen.

```
$ grep -E 'red\ndog' test
$ grep -G 'red\ndog' test
$ grep -F 'red\ndog' test
```

Wenn Sie aber `PCRE_MULTILINE` mit *grep -P* verwenden, geht es:

```
$ grep -P '(?m)red\ndog' test
red
dog
```

Damit können Sie die Einschränkung von *grep* umgehen, immer nur eine Zeile gleichzeitig untersuchen zu können. Das ist auch einer der vielen Gründe, warum *grep -P* eher für die mächtigeren Suchaufgabe genutzt wird.

Schließlich sei noch erwähnt, dass es viele Websites und Foren gibt, in denen Sie reguläre Ausdrücke für unterschiedlichste Anwendungsfälle finden. Es ist recht wahrscheinlich, dass andere Leute schon reguläre Ausdrücke und *grep* für genau die Aufgabe genutzt haben, die auch Sie erledigen müssen. Die Möglichkeiten sind unbegrenzt.

Referenzen

- Manpage re_format(7)
- Manpage regex(3)
- Manpage grep(1)
- Manpage pcre(3)
- Manpage pcrepattern(3)
- Friedl, Jeffery E.F. *Reguläre Ausdrücke*. 3. Aufl. O'Reilly Verlag 2007

Stichwortverzeichnis